AF339440

ESQUISSE

D'UNE

CONSTITUTION

ESQUISSE

D'UNE

CONSTITUTION

AVEC

QUELQUES ÉCLAIRCISSEMENTS ET COMMENTAIRES

PAR UN ÉLECTEUR

« Fluctuat, nec mergitur. »

———————

PARIS

ÉDOUARD BLOT, IMPRIMEUR

7, RUE BLEUE, 7.

1870

AVANT-PROPOS

A quoi s'occuper pendant ce long siége? Isolé de ma famille, privé de la précieuse faculté d'aller et de venir, confiné au gîte, comme le lièvre dont parle La Fontaine (*), j'ai fait comme lui, « j'ai songé; » ma pensée s'est portée sur la Constitution dont nos représentants auront à s'occuper un jour ou l'autre; et, profitant de l'absence de ce bon M. Rouher, qui professe un si grand mépris pour les « individualités sans mandat, » j'ai employé mes loisirs forcés à recueillir quelques matériaux pour faciliter le travail de nos futurs mandataires.

M. Thiers disait en 1848 : « La République est le gouvernement qui nous divise le moins; » mais les choses ont bien marché depuis cette époque, et je crois que tout homme raisonnable doit dire aujourd'hui : « La République est le gouvernement qui doit nous réunir tous. »

— La Légitimité n'est plus qu'un souvenir. D'ailleurs, sans un roi *élu de Dieu* et sacré par la main des ministres d'une *religion d'État*, point de légitimité.

D'un autre côté, ce roi élu de Dieu et sacré par la Religion ne peut fléchir devant l'opinion ni humilier sa souveraineté

(*)   Un lièvre en son gîte songeait :

Car que faire en un gîte à moins que l'on ne songe ?

LIVRE II, fable XIV.

1

devant la souveraineté du peuple. Aussi s'était-il réservé,
dans l'article 14 de la charte *octroyée* par lui en 1814, le droit
de faire les ordonnances nécessaires pour l'exécution des lois
et la *sûreté de l'État;* et quand Charles X, roi dévot et sacré
à Reims, crut le moment venu, il essaya de reprendre, grâce
à l'hypocrisie de ces derniers mots, toutes les anciennes préro-
gatives dont le semi-voltairien Louis XVIII avait cru devoir
sacrifier une partie. La conséquence de cet antagonisme iné-
vitable entre le principe de la légitimité et celui de la souveraineté nationale ne se fit pas attendre. Trois jours après
l'apparition des Ordonnances, les membres de la branche aînée
des Bourbons étaient déchus du trône ; ils prenaient le chemin
de l'exil, où les survivants languissent encore aujourd'hui après
quarante années.

— L'Orléanisme n'a jamais été un principe. La famille d'Orléans personnifiait chez nous le *gouvernement parlementaire*,
qui reposait lui-même sur cette maxime : « Le roi règne et ne
gouverne pas, » et sur cette double base : « Inviolabilité de
« la personne royale ; gouvernement du pays par les Cham-
« bres, au moyen des ministres responsables choisis dans la
« majorité. »

Le général de La Fayette avait cru nous donner là « la
meilleure des Républiques, » mais la révolution de 1848 n'a
pas tardé à nous démontrer que, cette fois encore, le Pays avait
fait fausse route. Sans doute, elle a dû son explosion à un pré-
texte frivole, à un accident ; mais pourquoi a-t-elle éclaté ?
Parce qu'une expérience de dix-huit années avait démontré
qu'un roi intelligent ne consentirait pas à « régner sans gou-
verner ; » que la responsabilité ministérielle et le gouvernement
du pays par le pays étaient illusoires avec une Chambre dont

les candidatures officielles pouvaient fausser la majorité, et dont la base était beaucoup trop étroite pour qu'elle pût se tenir en communication constante avec l'opinion du pays.

— Quant au Régime Impérial et aux Idées Napoléoniennes, ils m'ont toujours rappelé ces vers du poëte Scarron dans le *Virgile travesti :*

> J'aperçus l'*ombre* d'un laquais
> Qui, de l'*ombre* d'une brosse,
> Frottait l'*ombre* d'un carrosse.

En entrant dans la Constitution de 1852, il était impossible de ne pas se dire avec Basile (*Barbier de Séville*, acte III, scène II) : « Qui donc trompe-t-on ici? » et l'effroyable catastrophe qui vient de l'engloutir n'a été que la conséquence nécessaire de l'antinomie sur laquelle elle prétendait reposer, savoir : « Le principe héréditaire en présence de la responsabilité directe. » Au surplus, à quoi bon insister davantage, et ne suffira-t-il pas de dire avec le Maître : « Connaissez l'arbre par ses fruits? »

— Mais si le talisman de la Monarchie n'est ni dans la Légitimité, ni dans le Gouvernement Parlementaire, ni dans le pseudo-constitutionnalisme de l'Empire, où donc le rencontrerons-nous?

Sera-ce dans le *principe héréditaire*, qui leur est commun à tous trois et dans la stabilité que ce principe semble promettre?

Alors consultons l'histoire :

— 1814, chute du premier Empire, restauration de la branche aînée des Bourbons et Constitution nouvelle; — 1815, renversement des Bourbons, rétablissement de l'Empire, et modification de la Constitution par l'Acte additionnel;

— 1815, retour des Bourbons; — 1830, révolution; chute de la branche aînée; avénement de la branche cadette et Constitution nouvelle; — 1848, chute de la branche cadette, avénement de la République et Constitution nouvelle; — 1851, confiscation de la République au profit de la Monarchie impériale et Constitution nouvelle; — 1870, renversement de la Monarchie Impériale et Constitution nouvelle. — En cinquante-six ans, quatre Dynasties différentes; sept Constitutions.

— Reconnaissons-le donc de bonne foi, si ce n'est de bonne volonté. Le principe de l'hérédité, qui constitue l'essence de la Monarchie, paraît incompatible avec la souveraineté du peuple et le suffrage universel. Chaque génération ne peut engager qu'elle-même; toutes les Constitutions ne sont que des « billets à La Châtre; » et, sauf l'exercice du droit de Révision (voir l'art. 98 ci-après), la France oubliera, dans les bras d'un nouveau Gouvernement, les promesses solennelles qu'elle aura pu faire à son devancier.

A quoi bon, d'ailleurs, récriminer ou se désespérer?

Cela n'a rien d'imprévu; car Napoléon l'a dit à Sainte-Hélène : « Dans cinquante ans, l'Europe sera républicaine ou cosaque. » Laissons l'Europe agir à sa guise; mais ne nous étonnons pas si la France retourne en 1870 à la République, qu'elle n'a pu expérimenter suffisamment en 1848.

En effet, que les partisans, aujourd'hui bien clair-semés (mais qui étaient encore nombreux en 1848) de la branche aînée des Bourbons, sous couleur de légitimité; — que les partisans, amis et fonctionnaires de la branche cadette, sous couleur de gouvernement parlementaire; — que les débris de la grande armée, les médaillés de Sainte-Hélène, les adorateurs du dieu Napoléon, les amants de la gloire, de la victoire et des frontières du Rhin; — que tous descendent dans leur conscience et qu'ils nous disent s'ils n'ont pas travaillé de leur mieux, chacun de son côté, pour le renversement de cette Constitution de 1848, dont tous espéraient recueillir l'héritage.

Qu'y ont-ils gagné? Des trois larrons dont parle La Fontaine, les deux premiers ont été mis hors de cause par le coup d'État du 2 décembre; le troisième!... le troisième expie aujourd'hui son coupable triomphe par la plus effroyable catastrophe dont l'histoire garde le souvenir. Plus de gloire; plus de victoires; plus de frontières du Rhin; plus même d'Idole! Car, cette fois, si, ce qu'à Dieu ne plaise! les statues de l'Idole étaient renversées, ce ne seraient pas les Cosaques, ce serait la France irritée qui les précipiterait de leur piédestal.

Recommençons donc l'épreuve de 1848; constituons de notre mieux la République; mais surtout pratiquons-la sérieusement, de bonne foi, sans arrière-pensée. Pour beaucoup d'entre nous, peut-être, ce sera un mariage de raison; mais les mariages de raison sont souvent les plus heureux.

Dans ma conviction, d'ailleurs, la République ne nous apportera pas plus d'instabilité que la Monarchie, le jour où nous nous serons décidés à bien vivre avec elle. La périodicité des élections permettra à l'opinion publique de se faire jour. Le renouvellement et la faiblesse relative du Pouvoir Exécutif amortiront les chocs. Si le vent politique vient à changer, on aura le temps de modifier la voilure et de fuir devant ces orages qu'on appelle Révolutions. Pourquoi le vaisseau de la République, bien manœuvré, ne s'approprierait-il pas, en peu de temps, la devise de celui qui figure dans les armes de notre bonne ville de Paris : *Fluctuat, nec mergitur?*

Je termine par un mot sur la marche que j'ai suivie pour mon travail.

Après avoir lu et comparé avec soin nos diverses Constitutions républicaines, j'ai donné la préférence à celle de 1848. Rédigée par des hommes très-distingués et rompus à la pratique du gouvernement parlementaire, elle m'a paru être encore aujourd'hui, dans la plupart de ses dispositions, en parfaite harmonie avec l'esprit présent du siècle et les grands courants de l'opinion nationale. Peut-être, néanmoins, certains des membres de la Commission s'étaient-ils laissé préoccuper par leurs souvenirs monarchiques, dont on peut retrouver les traces; je les signale à l'occasion. D'autres me paraissent s'être asservis à certaines formes consacrées par nos premières Constitutions : je ne m'y suis pas arrêté davantage.

F. L.

Avocat, Docteur en droit.

ESQUISSE

D'UNE CONSTITUTION

CHAPITRE PREMIER.

NATURE DU GOUVERNEMENT : SOUVERAINETÉ.

Art. 1er. La France se constitue en République.

La République française est démocratique, une et indivisible.

Je proposerais de supprimer le Préambule en huit articles de la Constitution de 1848.

Le préambule de la Constitution de 1791 se comprend : l'Assemblée Constituante venait de renverser tout le vieil édifice politique; elle en établissait un autre sur des bases entièrement nouvelles. Elle a dressé le bilan général de la philosophie et de la politique, telles que les comprenait le dix-huitième siècle, en proclamant les droits de l'homme et du citoyen. C'était, à la fois, le point de départ, l'explication et la justifica-tion de l'œuvre qui allait suivre. En comparant le préambule avec l'œuvre, chacun pourrait apprécier si le législateur avait été en parfait accord avec le philosophe; mais on conçoit qu'un pareil travail, qui condense les progrès de plusieurs siècles, ne peut se recommencer souvent. Aussi les déclarations analogues contenues dans les Constitutions de 1793 et de l'an III ne sont-elles, à bien peu de chose près, que des redites. Je signalerai toutefois, comme une innovation digne de remar-que, que le préambule de la Constitution de l'an III place les « *devoirs* des citoyens » en regard de leurs droits; et si nos futurs Constituants parvenaient à tracer ces « devoirs » d'une main ferme, et notre futur Président à les faire remplir, je passerais condamnation sur le Préam-bule.

La Constitution du 22 frimaire an VIII n'en contient pas. Le Premier Consul, qui détestait les « idéologues, » avait d'ailleurs trop de hâte de se saisir du pouvoir pour s'arrêter à ces bagatelles.

La Charte de 1814 contient un préambule purement historique. Il n'y est question ni des droits ni des devoirs de l'homme et du citoyen. L'auteur ne s'occupe que de « renouer la chaîne des temps, » et d'établir que, par l'octroi de la Charte, il ne fait que suivre les traditions de la monarchie et des rois ses prédécesseurs.

Dans la rédaction de la Charte de 1830, on a procédé d'une façon bien plus simple et, suivant moi, beaucoup plus pratique, quoiqu'elle ait été « *bâclée,* » comme disaient ses adversaires. Après avoir violé la Charte de 1814 par les fameuses Ordonnances, et tenté de réduire Paris par la force dans les journées des 27, 28 et 29 juillet, Charles X venait d'être forcé de prendre le chemin de l'exil. Dans la séance du 6 août, M. Bérard, député, proposa à ses collègues de faire au pacte fondamental les modifications dont l'expérience de quinze années avait démontré l'utilité. Une commission, immédiatement nommée, travailla toute la nuit; le lendemain, les modifications proposées par elle furent discutées, votées par la Chambre des Députés, revêtues de l'adhésion de la Chambre des Pairs, et le 14 août la nouvelle Charte était promulguée.

De cette manière on évite la discussion générale sur les Principes abstraits de Gouvernement, les longs discours, la mise en question de tous les rouages de la machine politique. Quoi qu'on fasse, une Constitution nouvelle n'est jamais que la révision des Constitutions précédentes. Quand un pays a traversé, comme l'a fait le nôtre, toutes les phases de la monarchie ou de la république, il a des modèles parmi lesquels il peut choisir : il ne s'agit plus que de prendre celui qui répond le mieux aux besoins de l'époque et de l'adapter, au moyen de retouches, à la taille de la génération présente.

En rappelant ce qui s'est passé en 1830, je n'ai aucunement la pensée de le proposer en exemple à la future Assemblée Constituante : les circonstances ne sont plus les mêmes, et les changements qu'il s'agit d'opérer sont bien plus radicaux. Mais, puisqu'il y a des *précédents* dans l'un et l'autre sens en ce qui concerne le Préambule, je persisterai à en conseiller la suppression. Toutes ces déclarations de principes sont vagues, nécessairement incomplètes; avec beaucoup d'habileté, on en tire tout ce qu'on veut, puisqu'on a bien marié la Constitution de 1852 avec les *Immortels Principes* de 1789.

2. La souveraineté réside dans l'universalité des citoyens Français.

Elle est inaliénable et imprescriptible.

Aucun individu, aucune fraction du peuple, ne peut s'en attribuer l'exercice.

CHAPITRE II.

DROITS DES CITOYENS GARANTIS PAR LA CONSTITUTION.

5. Nul ne peut être arrêté ou détenu que suivant les prescriptions de la loi.

4. La demeure de toute personne habitant le territoire Français est inviolable.

Il n'est permis d'y pénétrer que selon les formes et dans les cas prévus par la loi.

5. Nul ne sera distrait de ses juges naturels.

Il ne pourra être créé de commissions ou tribunaux extraordinaires, à quelque titre et sous quelque dénomination que ce soit.

6. La peine de mort est abolie en matière politique.

7. L'esclavage ne peut exister sur aucune terre française.

8. Chacun professe librement sa religion et reçoit de l'État, pour l'exercice de son culte, une égale protection.

Les ministres, soit des cultes actuellement reconnus par la loi, soit de ceux qui seraient reconnus à l'avenir, *pourront* recevoir un traitement de l'État.

Mais l'État salarie les ministres de tous les cultes ou n'en salarie aucun.

L'article 8 de la Constitution de 1848 portait que les ministres des cultes « ont le droit » de recevoir un traitement de l'État.

Je ne doute pas que la difficile question de la séparation de l'Église et de l'État ne soit agitée de nouveau à cette occasion.

Quant à moi, je proposerais que le traitement des ministres des cultes cessât d'être « constitutionnel » pour passer dans le domaine du législateur. Sans doute cette question est très-grave; mais obliger, pour la résoudre, à une révision de la Constitution, si le courant général de l'opinion venait à changer, ce serait, suivant moi, dépasser les bornes de son importance.

La substitution du mot « *pourront* » aux mots « *ont droit* » n'entraînerait aucune modification actuelle dans l'état des choses; mais elle ne placerait pas les pouvoirs publics entre l'impuissance et une quasi-révolution. D'un autre côté, le paragraphe final que je propose protégerait le culte menacé par la nécessité où il mettrait le Pouvoir de frapper en même temps tous les autres.

9. Les citoyens ont le droit de s'associer, de s'assembler paisiblement et sans armes, de pétitionner *par écrit*, de manifester leurs pensées par la voie de la presse ou autrement.

L'exercice de ces droits n'a pour limites que les droits ou les libertés d'autrui et la sécurité publique.

La presse ne peut être, en aucun cas, soumise à la censure.

Je propose d'ajouter à l'article de la Constitution de 1848 ces mots : « par écrit. » Tout développement serait inutile, et je renvoie, pour expliquer ma pensée, à l'histoire de la première République, à celle du 15 mai 1848 et à celle du 31 octobre dernier. Avec un peuple comme le nôtre et dans une ville telle que Paris, l'exercice du droit de pétition sera l'un des plus dangereux, s'il n'est réglé. Ayez 300,000 signatures, si vous pouvez, mais qu'un seul soit chargé de les transmettre, au nom de tous, à l'autorité compétente.

Des pétitions, soit ; mais point de manifestations, point de *pronunciamientos*, ou c'en est fait de la République.

10. L'enseignement est libre.

La liberté d'enseignement s'exerce selon les conditions de capacité et de moralité déterminées par les lois et sous la surveillance de l'État.

Cette surveillance s'étend à tous les établissements d'éducation et d'enseignement, sans aucune exception.

11. Tous les citoyens sont également admissibles à tous les emplois publics, sans autre motif de préférence que leur mérite et suivant les conditions qui seront fixées par les lois.

Sont abolis à toujours tout titre nobiliaire, toute distinction de naissance, de classe et de caste.

Ce paragraphe est gros de tempêtes ; car il s'adresse à la vanité, le péché mignon des Français.

Le projet de Constitution revisé portait : « La Constitution ne reconnaît ni titre, ni distinction, ni classes, ni castes. » Dans la discussion, MM. Hye et Chadenet proposèrent la rédaction qui figure ci-dessus et qui fut adoptée sans discussion, après une première épreuve douteuse.

Quant à moi, je trouve que les mots « *titre nobiliaire* » sont plus précis que le seul mot « *titre,* » et je les préfère. Je trouve que, sauf suppression de la Légion d'honneur, il y aura encore au moins une « distinction » dans notre pays; je trouve que le mot « *caste* » est un mot haineux qu'il faut laisser dans l'Inde, et que le mot classe suffirait tout seul pour exprimer la pensée du législateur. Je trouve que la prétention d'abolir « *à toujours* » quoi que ce soit dans ce pays-ci est une fatuité; je trouve enfin que la rédaction du projet revisé avait raison de dire simplement : « La Constitution *ne reconnaît pas,* » ce qui plaçait toutes ces choses en dehors du domaine légal, tandis que la rédaction adoptée, en les *abolissant,* place les pouvoirs publics entre l'impuissance ou le ridicule, suivant que l'on se déciderait ou non à poursuivre, pour infraction à la disposition Constitutionnelle, les personnes qui continueraient à se parer de leurs titres nobiliaires.

Je préférerais donc une rédaction ainsi conçue :

« La Constitution ne reconnaît ni titre nobiliaire, ni distinction de naissance ou de classe.

12. Toutes les propriétés sont inviolables. Néanmoins l'État peut exiger le sacrifice d'une propriété pour cause d'utilité publique légalement constatée et moyennant une juste et préalable indemnité.

Il est bien entendu que par ce mot « toutes les propriétés, » il faut entendre toutes les propriétés mobilières créées ou reconnues par la législation antérieure, aussi bien que les propriétés immobilières; ainsi, les offices ministériels, les concessions de chemins de fer, les marchés régulièrement passés entre des sociétés ou des individus d'une part, l'État, les départements ou les communes d'autre part, constituent autant de propriétés qui découlent de notre état compliqué de civilisation. C'est ce qu'on ne peut méconnaître sans spoliation. L'État, le département, la commune, auront le droit d'exproprier, pour cause d'utilité publique et moyennant une juste et préalable indemnité, cette nature de propriétés comme les autres; mais c'est tout.

Cela a été hautement reconnu en 1848 dans la Discussion dont je crois devoir extraire ce qui suit :

Le citoyen Sauteyra a demandé si, par ces mots « toutes les propriétés, » on entendait seulement « les propriétés territoriales. » — Plusieurs membres de la Commission ont répondu « Toutes! toutes! » — Le citoyen Sauteyra a répliqué : « J'entends qu'on dit « toutes. » Permettez« moi d'expliquer ma pensée. Depuis la Révolution de Février, on a mis « en doute certaines propriétés. Ainsi, la propriété des offices ministériels « a été niée dans certaines localités. Je demande que la Commission « veuille bien s'expliquer sur ce point, et si, par la définition générale « de toutes les propriétés, on entend indistinctement les propriétés im« mobilières et autres propriétés, telles que celles des offices. » — Le

citoyen Président a répondu : « L'explication demandée par M. Sauteyra
« est dans le texte même du projet. Quand on dit toutes les propriétés,
« on n'en excepte aucune. » — D'après ces explications, l'article a été voté.

13. La confiscation des biens ne pourra jamais être rétablie.

14. La Constitution garantit aux citoyens la liberté du travail
et de l'industrie.

La société favorise le développement du travail par l'enseignement primaire gratuit et *obligatoire*, l'éducation professionnelle *gratuite*, l'égalité de rapports entre le patron et l'ouvrier,
les institutions de prévoyance et de crédit, les institutions agri-
coles, les associations volontaires et l'établissement par l'État,
les départements et les communes de travaux publics propres à
employer les bras inoccupés ; elle fournit l'assistance aux enfants
abandonnés, aux infirmes et aux vieillards sans ressources et que
leurs familles ne peuvent secourir.

Je crois le moment venu de trancher la grande question de l'enseignement primaire *obligatoire*, parce qu'une Assemblée Constituante n'aura
pas à s'arrêter devant la crainte de mécontenter plus ou moins telle ou
telle portion des électeurs.

Cette crainte était, suivant moi, tout à fait imaginaire. Le recrutement
est autrement onéreux que l'enseignement primaire obligatoire, et cependant il y a longtemps qu'il s'exécute sans difficultés.

Mais dût-on rencontrer quelques résistances partielles, il faut les abor-
der de front et les vaincre, sans hésiter. Il y va de l'avenir du suffrage
universel. Si j'en crois des tableaux que l'on peut considérer comme
officiels (*), on compterait dans cinquante-sept départements plus de qua-

---

(*) Voir la *Statistique nouvelle de l'Instruction primaire en France au 1er janvier* 1866,
et de ses progrès depuis 1827 *jusqu'en* 1869, d'après les résultats du dernier recense-
ment quinquennal et les renseignements publiés par les Ministères de l'Instruction publique, de la Guerre et de la Justice, par M. Edouard Robert ; Paris, 1870 ; et les deux
tableaux annexés à cet ouvrage, qui ont été publiés dans le *Magasin Pittoresque* (numéro
d'août, pages 268, 269).
On peut les résumer ainsi :

Départements comptant de 99 à 90 habitants sachant lire et écrire. . .		3
— 89 à 80 —	—	8
— 79 à 70 —	—	10
— 69 à 60 —	—	12
— 59 à 50 —	—	22
— 49 à 40 —	—	20
— 39 à 30 —	—	11
— 29 à 20 —	—	4

rante électeurs sur cent qui ne sauraient ni lire ni écrire. Que peut-on attendre, au point de vue politique et du suffrage, de cette tourbe que son ignorance livre forcément aux suggestions du Pouvoir ou des partis, puisqu'elle ne peut même vérifier quels noms elle va jeter dans l'urne?

Après avoir déposé dans la Constitution le principe de l'enseignement primaire gratuit et obligatoire, ce sera l'affaire du législateur de sanctionner ce principe dans la loi organique par : 1° des amendes graduées suivant les contributions payées par les récalcitrants; 2° quelques jours de prison, en cas de récidive; 3° la privation du droit de suffrage à tous les degrés, dès à présent pour les parents, et, après un certain temps, pour la génération qui s'élève.

Je suis convaincu que, dans un très-court délai, toutes les résistances seraient vaincues, et que Gouvernement et citoyens n'auraient plus qu'à recueillir les avantages de la diffusion de l'instruction primaire.

En ce qui concerne l'éducation professionnelle, j'ajoute le mot « gratuite, » qui n'existe pas dans l'article 13 de la Constitution de 1848. Il serait inutile de justifier cette addition, en théorie. Donner *gratuitement* une instruction professionnelle aux enfants ou aux adultes des classes déshéritées de la fortune, ce serait une amélioration bien digne d'un Gouvernement Républicain; mais la chose est-elle praticable, soit au point de vue de la *dépense*, soit à raison des difficultés de mise à exécution? Voilà ce que je suis absolument incapable d'apprécier; et je ne puis qu'appeler sur ce point l'attention du législateur.

15. La dette publique est garantie.

Toute espèce d'engagement pris par l'État avec ses créanciers est inviolable.

16. Tout impôt est établi pour l'utilité commune.

Chacun y contribue dans la proportion de ses facultés et de sa fortune.

17. Aucun impôt ne peut être établi ni perçu qu'en vertu de la loi.

Les impositions indirectes peuvent être consenties pour plusieurs années.

CHAPITRE III.

DES POUVOIRS PUBLICS.

18. Tous les pouvoirs publics, quels qu'ils soient, émanent du peuple.

Ils ne peuvent être délégués héréditairement.

19. La séparation des pouvoirs est la première condition d'un gouvernement libre.

CHAPITRE IV.

DU POUVOIR LÉGISLATIF.

20. Le peuple français délègue le pouvoir législatif à deux assemblées, qui prennent les noms d'Assemblée des Représentants et Assemblée des Anciens.

La Constitution de 1848 avait établi une Assemblée unique, reprenant ainsi les traditions des Constitutions de 1791 et de 1793. Il serait injuste d'imputer à cette détermination le peu de durée de la seconde République, puisqu'il est notoire qu'elle a succombé, non sous ses propres fautes ou sous les vices de son organisation, mais sous la violence extérieure et sous le coup d'État du 2 décembre 1851. Je n'en pense pas moins cependant que la disposition était mauvaise en elle-même et qu'elle ne doit plus être reproduite. On connaît les brillantes et savantes discussions qui eurent lieu sur ce grave sujet dans la première Assemblée Constituante; elles se renouvelèrent avec non moins de vigueur en 1848 ; mais les partisans des deux Chambres succombèrent, et l'article proposé par la Commission de Constitution fut admis par 530 voix contre 289.

Je viens de relire avec la plus grande attention ces intéressants débats; et pour consigner ici les motifs qui m'ont déterminé à proposer le système des deux Chambres, je ne puis mieux faire que de résumer les discussions de l'Assemblée Constituante de 1848.

Les partisans des deux Chambres ont d'abord invoqué l'expérience. Ils ont établi que dans tous les pays où le Gouvernement représentatif existe, soit sous la forme monarchique, soit sous la forme républicaine, la division du Pouvoir Législatif a prévalu, soit à l'origine, soit après une courte épreuve; qu'en France, excepté pendant la grande période révolutionnaire, toujours la même division avait été considérée par tous les hommes d'État, par tous les bons publicistes, comme la condition essentielle; que, pendant les trente dernières années (1815-1848), elle avait été souvent utile et jamais nuisible.

Ils ont ajouté que ce système avait pour lui, non-seulement l'expérience, mais encore la logique; que seul il offrait des garanties sérieuses à la liberté et assurait quelque maturité aux délibérations législatives.

La nature est ainsi faite que tout pouvoir, quel qu'il soit, monarchique, aristocratique, démocratique, tend fatalement, invariablement au despotisme, et a besoin d'être sans cesse contenu. La science politique consiste donc à organiser un système de freins, de contre-poids qui, sans entraver

le pouvoir dirigeant, le modèrent, le retiennent sur la pente et l'empêchent de se précipiter. C'est à cela que les Constitutions sont bonnes ;
autrement il n'y aurait qu'à investir une Assemblée, une caste, un
homme, et qu'à les charger de pourvoir arbitrairement aux destinées
du pays.

Maintenant ces freins, ces contre-poids sans lesquels la liberté n'existe
pas, le pouvoir dirigeant peut-il les trouver en lui-même, dans sa propre
sagesse, dans sa propre modération, ou bien dans certaines règles qu'il
s'imposerait une fois pour toutes ? Non, l'histoire entière est là pour
le prouver.

Comme le disait si bien Lally en 1789 : « Ce qu'il faut pour contenir
le pouvoir dirigeant, ce ne sont pas des bornes passives, immobiles : ce
sont des bornes vivantes et qui, à une force active, opposent une force
toujours active ; c'est, en un mot, un pouvoir collatéral, qui fasse sentir
sans cesse au Pouvoir dominant que la toute-puissance n'appartient ici-
bas à personne. »

On oppose que le despotisme d'une Assemblée unique, élue par le suffrage universel, est une illusion. — Qu'est-ce en effet, dit-on, qu'un
despotisme exercé par le Peuple sur le peuple lui-même ? On ajoute que
la souveraineté est une, que la nation est une, et l'on en conclut qu'il ne
doit y avoir qu'une Chambre ; ce système est d'ailleurs beaucoup plus
simple.

Ceux qui raisonnent ainsi oublient qu'il n'y a jamais unanimité dans
le peuple ; qu'à côté de la majorité qui nomme l'Assemblée souveraine,
il y a la minorité qui la subit ; — que si la souveraineté est une, il ne
s'ensuit pas que son mode d'action ne puisse être multiple ; qu'enfin la
question de simplicité doit passer ici après celle de liberté ; que rien n'est
plus simple au monde que le despotisme (*), et que, si l'on voulait être
conséquent, il faudrait adopter le système de ceux qui proposent de déléguer à une seule Assemblée le pouvoir législatif et exécutif.

Le projet de Constitution repousse ce dernier système ; il demande
que les deux pouvoirs soient séparés ; mais alors il faut s'attendre à des
conflits. En effet, quelque soin que l'on mette à limiter et à définir leurs
attributions, on ne parviendra jamais à prévenir les collisions entre deux
pouvoirs qui se touchent par une foule de points. Il est vrai que ces collisions ne sont pas impossibles avec un pouvoir législatif divisé ; mais
nous dirons, appuyés sur l'expérience et armés de la logique, qu'une seconde Chambre, corps intermédiaire, pourra souvent amortir bien des
chocs et empêcher les deux pouvoirs principaux de se heurter l'un contre
l'autre.

(*) Qu'on se rappelle, à ce sujet, la devise de l'Espagne sous Philippe II :
« *Un roi, une foi, une loi.* »

Sous ce premier rapport, le système des deux Assemblées nous paraît donc l'emporter sur celui d'une Assemblée unique.

Maintenant, nous dirons qu'il assure plus de maturité dans la délibération législative; qu'il prévient des entraînements inévitables. C'est là une proposition qui porte avec elle sa démonstration et que personne ne songe à contester.

Tout le monde reconnaît que les lois, pour être bonnes et durables, ont besoin d'être votées avec réflexion et lenteur; tout le monde avoue qu'en tous pays, en tous temps, une Assemblée unique est exposée à de déplorables entraînements; tout le monde sait enfin que, par caractère, par tempérament, nous sommes plus sujets que d'autres aux résolutions soudaines et passionnées. Comment alors comprendre que nous ne voulions pas introduire dans notre Constitution les précautions, les garanties que des peuples bien plus calmes, bien plus froids que nous, ont jugées nécessaires et indispensables?

On prétend, il est vrai, que le projet de Constitution présente des garanties au moins équivalentes. On les fait consister dans l'examen préalable des projets par le Conseil d'État, dans la formalité des trois lectures, dans le droit, accordé au pouvoir exécutif, d'appeler l'Assemblée à une délibération nouvelle. Ce n'est pas tout; pour tranquilliser l'Assemblée, on fait valoir la manière dont elle a procédé jusqu'à présent.

Mais, d'abord, le Conseil d'État, tel que le projet l'organise, est une conception nouvelle (*) sur le mérite de laquelle tout le monde est loin de s'accorder. Réalisera-t-il toutes les brillantes espérances que la Commission en a conçues? C'est ce que personne ne saurait affirmer aujourd'hui. D'ailleurs, qu'on le remarque, si le Conseil d'État doit être consulté sur certains projets de lois, son avis n'est point obligatoire pour le Gouvernement. Quant aux projets émanés de l'initiative parlementaire, l'Assemblée est libre d'ordonner ou de ne pas ordonner le renvoi. Ainsi, il ne faut pas exagérer cette première garantie.

Celle des trois lectures, à quelques jours d'intervalle, est à peu près illusoire; il suffit, pour la supprimer, d'une déclaration d'urgence.— On peut en dire autant du droit que le projet accorde au Président de provoquer une nouvelle délibération. N'est-ce pas, en effet, trop présumer d'une assemblée, de croire qu'elle sera, le plus souvent, disposée à réparer les erreurs qu'elle aura commises? Sa toute-puissance ne lui inspirera-t-elle pas, au contraire, le sentiment d'y persister? — Enfin, l'exemple de l'Assemblée actuelle peut être diversement apprécié; nous croyons qu'il ne serait pas difficile de démontrer qu'il favorise plutôt qu'il ne contrarie le système que nous proposons.

(*) La nouveauté consistait surtout dans le mode de nomination par l'Assemblée; car la préparation des projets, ou du moins leur examen préalable, a toujours existé au profit du Conseil d'État, depuis la Constitution de l'an VIII

Mais on insiste et l'on nous dit : « Ou bien les Chambres seront d'accord, et alors une double discussion devient inutile ; ou bien les Chambres ne seront pas d'accord, et alors vous créez entre elles une lutte
acharnée et systématique. » A ce dilemme nous répondons par un autre
que voici : « Ou bien les Chambres seront d'accord, et alors la loi,
sortie victorieuse d'une double épreuve, aura dans le pays plus de force
ou d'autorité ; ou bien les Chambres seront en désaccord, et ce sera la
preuve que la volonté nationale ne sera pas encore assez claire, assez
certaine, et que la question a besoin d'être débattue de nouveau. »

Malgré toutes ces raisons, excellentes, selon moi, la *dualité* fut repoussée.

§ 1er. *Assemblée des Représentants.*

21. Le nombre total des membres de l'Assemblée des Représentants sera de 400, y compris ceux de l'Algérie et des colonies
françaises.

Sous la Constitution de 1848, le nombre total des représentants était
de 750.

Mais d'abord il n'y avait qu'une seule Assemblée au lieu des deux
que je propose.

En second lieu, je crois que des Assemblées trop nombreuses ne font
pas de bonne besogne.

Je propose le chiffre rond de 400, sans avoir pour cela une raison
bien déterminante.

Un représentant par arrondissement donnerait, pour la France continentale seulement, 373.

Un représentant par 100,000 habitants donnerait (pour 38,000,000) 380.

Dans l'un et l'autre cas, il faudrait ajouter un certain nombre de représentants pour l'Algérie et les autres colonies.

22. L'élection a pour base la population.

23. Le suffrage est direct et universel. Le scrutin est secret.

24. Sont électeurs, sans condition de cens, tous les Français
âgés de vingt et un ans et jouissant de leurs droits civils et politiques.

25. Sont éligibles, sans condition de domicile, tous les électeurs
âgés de vingt-cinq ans.

26. La loi électorale déterminera les causes qui peuvent priver
un citoyen français du droit d'élire et d'être élu.

Elle désignera les citoyens qui, exerçant ou ayant exercé des fonctions dans un département ou un ressort territorial, ne pourront y être élus.

27. Toute fonction publique *rétribuée* est incompatible avec le mandat de représentant.

Aucun représentant ne peut, pendant la durée de la législature, être *nommé* ou *promu* à des fonctions publiques salariées dont les titulaires sont choisis à volonté par le Pouvoir Exécutif.

Les exceptions aux dispositions des deux paragraphes précédents seront déterminées par la loi électorale *organique*.

28. Les dispositions de l'article précédent ne sont pas applicables aux assemblées élues pour la Révision de la Constitution.

29. L'élection des représentants se fera par département et au scrutin de liste.

Les électeurs voteront au chef-lieu de canton ; néanmoins, en raison des circonstances locales, le canton pourra être divisé en plusieurs circonscriptions, dans la forme et aux conditions qui seront déterminées par la loi électorale.

Ce n'est qu'après les plus grandes hésitations que je me suis décidé à reproduire cette disposition de la Constitution de 1848, en ce qui concerne le *scrutin de liste*.

Je crains qu'il ne favorise, beaucoup plus que le scrutin individuel, les manœuvres des partis ; — qu'il ne neutralise, en fait, l'utilité des réunions électorales préparatoires, en égarant la discussion, non plus sur deux ou trois noms, mais sur deux ou trois listes contenant chacune autant de noms qu'il y aura de représentants à nommer dans chaque département ; — qu'il ne condamne les électeurs illettrés à une confiance par trop aveugle, puisque le contrôle de la *liste* qu'on leur mettra dans la main sera bien plus difficile que celui d'un bulletin individuel.

Je crois d'ailleurs qu'un électeur lettré et d'une intelligence ordinaire peut faire *un* ou *deux* choix, mais qu'il est parfaitement incapable d'en faire *avec discernement* six, douze ou vingt ; qu'il sortira tout ahuri des assemblées préparatoires où tant de candidatures se seront croisées, et que des élections ainsi menées risquent fort de ressembler à la roue de la Fortune.

Encore ne parlé-je pas des *fausses* listes que j'ai vu pratiquer en 1848 à Paris même. On glissait subrepticement, au milieu de la liste des vingt noms qui paraissaient avoir réuni les plus grandes chances, le nom de a personne que l'on voulait faire passer. La tête et la queue de la liste restant les mêmes, l'électeur se contentait d'une vérification sommaire, et..... le tour était fait.

Pourquoi donc, malgré toutes ces craintes, proposé-je le scrutin de liste? Le voici :

Des amis, qui connaissent la Province beaucoup mieux que moi et avec lesquels j'ai discuté à plusieurs reprises cette question qui me préoccupait, m'ont affirmé que, dans les départements, le scrutin de liste empêchait la pression administrative, débarrassait les électeurs des notabilités de clocher, et les candidats de l'influence de ces animosités locales qui empêchent souvent l'homme le plus distingué d'être « prophète en son pays; » — qu'il se formerait tout naturellement des listes de conciliation entre les divers arrondissements.

J'ai eu d'ailleurs, pour me rallier au scrutin de liste, une raison qui, pour n'avoir rien de philosophique, n'en est pas moins puissante.

Je propose de composer l'Assemblée des Représentants de 400 membres. Cela donnera pour la France continentale environ 390, tandis que le nombre des arrondissements est de 373 seulement; d'un autre côté, l'élection des Représentants ayant pour base la population; 38,000,000 d'habitants, divisés par 390, donnent un représentant par 97,000 habitants, ou à peu près; or, *il y a en France plus de deux cents arrondissements dont la population n'atteint pas ce chiffre.*

Dans ces conditions, le scrutin par arrondissement devient impossible; avec lui disparaît le scrutin individuel, et il ne reste plus que le scrutin de liste.

§ 2. *Assemblée des Anciens.*

30. L'Assemblée des Anciens se compose de deux cent cinquante membres, âgés de quarante ans au moins, faisant partie d'un conseil général et nommés au scrutin secret et à la majorité absolue par le conseil général auquel ils appartiennent. Il n'y a pas d'incompatibilité entre le mandat d'Ancien et les fonctions publiques salariées.

Mais ceux qui remplissent des fonctions de ce genre ne peuvent être promus tant qu'ils font partie de la législature.

Aux termes de la Constitution de l'an III, le Conseil des Anciens se composait également de deux cent cinquante membres (art. 82). On doit bien penser que ce n'est pas cette considération qui m'a déterminé; mais prenant pour base la population de chaque département et voulant, néanmoins, que cette seconde Assemblée fût en nombre sensiblement inférieur à l'autre, comme cela a lieu partout et toujours, j'ai essayé diverses combinaisons de chiffres, dont voici la dernière :

Nos quatre-vingt-neuf départements se distribuent ainsi, quant à la population.

Cinq ont moins de 200,000 habitants. — Quarante-six ont de 200,000 à 400,000. — Vingt et un ont de 400,000 à 550,000. — Dix ont de 550,000 à 650,000. — Cinq ont de 650;000 à 800,000. — Le département du Nord compte 1,392,000 habitants. — Le département de la Seine 2,150,000.

En attribuant *un* Ancien par département à la première catégorie, *deux* à la seconde, *trois* à la troisième, *quatre* à la quatrième, *sept* au département du Nord et *dix* à celui de la Seine, on arrive au chiffre de 242. Il resterait donc *huit* siéges pour l'Algérie et les Colonies. Si, comme je le crois, ce dernier chiffre est trop considérable, on pourrait en donner *huit* au département du Nord et *douze* à celui de la Seine.

Quant au reste de cet article, la lecture suffit pour se rendre compte des motifs qui l'ont inspiré.

Etant donnée l'utilité des deux Assemblées, il est manifeste qu'elles ne doivent pas être composées d'éléments identiques ni être puisées à la même source; autrement, ce serait un double emploi.

L'Assemblée des Anciens diffère : 1° par l'âge, qui suppose une plus grande maturité d'esprit et moins d'entraînement aux idées nouvelles; 2° par le mode d'élection; elle ne proviendrait qu'indirectement du suffrage universel, mais elle en proviendrait, puisque les conseillers généraux sont nommés par lui; et elle s'y retremperait, puisqu'il dépendrait du suffrage universel de ne plus réélire le conseiller général qui aurait été nommé Ancien par ses collègues, et de le frapper ainsi d'inéligibilité; 3° par la faculté d'élire des fonctionnaires publics et de réunir ainsi dans cette Assemblée l'expérience pratique que donne le maniement des affaires publiques à celle que suppose la maturité de l'âge.

Enfin, le dernier paragraphe n'a pas besoin de commentaires.

Le fonctionnaire public qui fait partie de l'Assemblée des Anciens ne peut remplir bien assidûment ses fonctions, ni, dès lors, mériter un avancement. Au reste, ses intérêts ne souffrent pas, puisqu'il reçoit une indemnité comme membre de la Législature.

§ 3. *Dispositions communes aux deux Assemblées.*

52. Chacune des Assemblées est élue pour six années et se renouvelle par tiers.

Dans l'état compliqué de notre civilisation, dans un pays où le commerce et l'industrie sont aussi développés et où la plupart des citoyens vivent de l'exercice de leur profession ou de leur travail, toute commotion politique, toute cause d'agitation, toute incertitude de l'avenir, amènent nécessairement un temps d'arrêt dans le travail national et dans les affaires.

Il faut donc, autant que possible, diminuer l'intensité des crises que les élections générales amènent toujours avec elles.

Cela importe encore davantage dans l'état de République ; car le principal grief des adversaires de ce mode de Gouvernement étant son instabilité, l'attention du législateur doit se porter surtout de ce côté pour y porter remède.

C'est, au surplus, ce qu'il n'a pas manqué de faire.

Il a pensé que le remède le plus simple était de donner une certaine durée à la Législature et de procéder par renouvellements partiels. Ce mode de renouvellement a l'avantage d'indiquer toujours l'état de l'opinion publique, sans nécessiter des changements trop brusques et, par conséquent, des chocs. Il suffit pour entretenir le sentiment et la vie politiques, sans mettre tout le pays en ébullition. Il facilite les transitions et permet d'éviter les secousses.

Aussi la Constitution de l'an III (art. 53) avait-elle admis un renouvellement annuel par tiers.

— Celle de l'an VIII (art. 5, 27 et 34) décidait que le Tribunat et le Corps législatif se renouvelleraient par cinquième tous les ans. Ce n'est même pas seulement sous la République que notre Législateur s'est occupé de la question ; car la Charte de 1814 statuait (art. 37) que les députés seraient élus pour cinq années, de manière que la Chambre fût renouvelée chaque année par cinquième.

— D'après la Constitution des États-Unis, le Sénat, qui est nommé pour six ans, se renouvelle par tiers, tandis que le Congrès n'est nommé que pour deux années et que, dès lors, il ne peut s'agir pour lui de renouvellement partiel.

— Les Constitutions de 1791 et de 1793 n'ont point eu à s'occuper de cette question, puisque la première fixait la durée de la Législature à deux années, et que, d'après la seconde, la session de l'Assemblée était annuelle.

— Je ne sais si les mots employés par moi dans la rédaction de cet article ont un sens parfaitement conforme à celui que je leur prête dans ma pensée ; mais ce que je voudrais, c'est que, une fois que les premières Assemblées auraient été constituées intégralement, elles se renouvelassent *indéfiniment* par tiers, de manière qu'il n'y eût plus d'*élections générales*.

Pour la mise en pratique de ce système, il serait dressé, par la loi électorale organique, un tableau des renouvellements de chaque Assemblée. Celui qui concernerait l'Assemblée des Représentants devrait répartir les départements de la France en trois sections aussi égales que possible par leur *population* ; et celui qui concernerait l'Assemblée des Anciens devrait les répartir, en ayant égard surtout au nombre des membres à élire par département, de manière que le renouvellement par tiers fût, pour chacune d'elles, aussi égal que possible. Ces tableaux ayant été ainsi dressés à l'avance, on procéderait dans chaque Assemblée au tirage au sort, et l'ordre du renouvellement se trouverait établi par les numéros qu'il aurait désignés.

Enfin, pour que le but du renouvellement partiel (c'est-à-dire la manifestation des changements de l'opinion publique) fût atteint autant que possible, je recommanderais la précaution prise par l'Ordonnance du 27 novembre 1816, qui était ainsi conçue : « Voulant aussi que les départements qui composent chaque série soient alternativement appelés à renouveler le cinquième des membres de la Chambre des députés, de *manière qu'ils puissent nous faire connaître, chaque année, les nouveaux besoins et les vœux de toutes les parties du Royaume*, nous avons jugé utile *que deux départements limitrophes ne fussent pas appelés la même année à procéder aux élections.* »

55. Les Assemblées sont permanentes.

Néanmoins, elles peuvent s'ajourner à un terme qu'elles fixent.

Pendant la durée de la prorogation, un comité de cinquante membres, pris par moitié dans chaque Assemblée, et composé : 1° des bureaux de chacune d'elles; 2° de membres élus au scrutin secret et à la majorité absolue, en nombre nécessaire pour compléter vingt-cinq commissaires par Assemblée, aura le droit de les convoquer en cas d'urgence.

Le Président de la République a le même droit.

On peut trouver, au premier abord, que la *permanence* d'Assemblées dont le rôle se trouve renfermé dans le Pouvoir Législatif sera bien souvent inutile, et que leur fonctionnement ne remplira presque jamais, en temps ordinaire, l'espace de l'année; mais la faculté d'ajournement fait disparaître cet inconvénient, s'il venait à se produire.

Supposons, au contraire, que la durée des sessions fût déterminée et que la permanence ou même que la prolongation de la session devînt une exception, la déclaration qui devrait en être faite répandrait inévitablement l'inquiétude dans le Pays. Mais si la permanence est de principe, il ne s'en inquiétera pas, et dès qu'il verra prononcer l'ajournement, il en conclura que tout va bien.

54. Les deux Assemblées, réunies en comité, déterminent le lieu de leurs séances.

Elles fixent également l'importance des forces militaires établies pour leur sûreté et elles en disposent.

La Constitution de l'an III (art. 102 et suivants) conférait au Conseil des Anciens *seul* le droit de changer la résidence du Corps Législatif et d'en indiquer une nouvelle. Le décret par lui rendu sur cet objet était irrévocable.

On sait trop quelles furent les conséquences de cette disposition imprudente. C'est grâce à la complicité du Conseil des Anciens avec le général Bonaparte et au décret que ce Conseil rendit pour ordonner la translation du Corps Législatif à Saint-Cloud, que fut accompli le coup d'État du 18 brumaire.

Quant à la formation de ce *Comité*, on pensera sans doute qu'il ne devra pas consister dans la réunion générale des deux Assemblées, mais qu'il devra être composé comme il est dit dans l'article précédent, ou comme je le proposerai plus bas dans mes notes sur l'art. 47. Avant de procéder à leur élection, chaque Assemblée aurait discuté dans ses bureaux ou comités le sujet de la délibération à prendre en commun. Ils arriveraient donc au comité pleins des souvenirs de cette discussion récente, imbus de l'esprit de la majorité qui les aurait élus.

On pourrait donner la présidence du comité au Vice-Président de la République, qui n'aurait voix délibérative qu'en cas de partage (art. 69).

55. Les Représentants sont toujours rééligibles.

Il en est de même des Anciens, tant qu'ils continuent à faire partie du conseil général qui les a élus.

L'Assemblée des Anciens se recrute par une élection à deux degrés.

Il faut que l'élu ait à la fois la confiance du suffrage universel qui l'a envoyé au Conseil général et celle de ses collègues qui l'ont choisi.

Il ne peut donc être réélu à l'Assemblée des Anciens qu'autant que le suffrage universel l'aura maintenu dans le Conseil général lors du renouvellement partiel de celui-ci.

Mais, une fois réélu à l'Assemblée des Anciens, il y restera pendant les six années de son mandat législatif, quand bien même il surviendrait, dans l'intervalle, un renouvellement partiel du Conseil général, lors duquel il ne serait pas réélu.

56. Les membres des Assemblées sont les représentants non des fractions territoriales qui les ont élus, mais de la France entière.

57. Ils ne peuvent recevoir de mandat impératif.

58. Ils sont inviolables.

Ils ne peuvent être recherchés, accusés, ni jugés en aucun temps, pour les opinions qu'ils auront émises dans le sein des assemblées.

Ils ne peuvent être arrêtés en matière criminelle, sauf le cas de flagrant délit, ni poursuivis qu'après que l'Assemblée à laquelle ils appartiennent aura permis la poursuite.

En cas d'arrestation pour flagrant délit, il en sera immédiatement référé à l'Assemblée intéressée, qui autorisera ou refusera la continuation des poursuites.

Lorsque les poursuites ont été autorisées, l'exécution des jugements ou arrêts qui viendraient à intervenir n'a pas besoin de l'être

Ces dispositions étaient suivies, dans la Constitution de 1848, d'une autre qui était ainsi conçue : « Cette disposition s'applique au cas où un citoyen détenu est nommé représentant. » Je l'ai supprimée, parce que je la trouve contraire au bon sens et qu'elle constituerait, à mon avis, un excès et une confusion de pouvoirs.

La disposition tout entière est due à la défiance que le Pouvoir Législatif peut avoir de certains agissements du Pouvoir Exécutif ou même du Pouvoir Judiciaire (en tant que subordonné de l'autre) vis-à-vis des membres des Assemblées.

Mais, avant l'élection, tout citoyen est égal devant la Loi et devant le Pouvoir Judiciaire. Si sa détention a été ordonnée par une autorité compétente, un fait postérieur, tel que l'élection, ne peut réagir sur ce qui a été fait régulièrement. La raison politique n'est pas réputée avoir pu exister à l'époque de la mise en détention ; l'exception politique ne peut donc être invoquée.

J'ai ajouté le dernier paragraphe, qui ne figure pas dans la Constitution de 1848. Il m'a été inspiré par des faits récents (affaire Rochefort).

Lorsque le Pouvoir Législatif, usant de son privilége constitutionnel, a autorisé les poursuites, il a, suivant moi, décidé que la Législation ordinaire du Pays devait suivre son cours. A partir de ce moment, il appartient au Pouvoir Judiciaire de l'appliquer, et au Pouvoir Exécutif de prêter main-forte à la décision judiciaire ; mais le Pouvoir Législatif n'a plus à intervenir. Lui donner le droit de suspendre l'exécution, comme il a eu celui de suspendre les poursuites, ce serait lui reconnaître un droit de révision, de cassation, qui sentirait le *bon plaisir* et affecterait gravement la notion de la *Justice*.

59. Chaque membre des Assemblées reçoit une indemnité à laquelle il ne peut renoncer.

Cette indemnité est égale pour les deux Assemblées.

40. Les séances des Assemblées sont publiques.

Néanmoins, elles peuvent se former en comités secrets, sur la demande du nombre de leurs membres fixé par leur règlement.

41. Chaque membre des Assemblées a le droit d'initiative parlementaire.

L'exercice de ce droit est déterminé par le règlement de chaque Assemblée.

42. La présence de la moitié plus un des membres des Assemblées est nécessaire pour la validité du vote des lois.

Les deux articles suivants de la Constitution de 1848 concernaient les trois délibérations et les déclarations d'urgence destinées à en dispenser.

Toute cette procédure devient inutile dans le système des deux Assemblées, et j'ai dû supprimer ces deux articles.

CHAPITRE V.

DU POUVOIR EXÉCUTIF.

43. Le peuple français délègue le Pouvoir exécutif à un citoyen qui reçoit le titre de Président de la République.

44. Le Président doit être né Français et n'avoir jamais perdu cette qualité.

Il doit être âgé de 40 ans au moins.

Il ne peut être élu parmi les membres des familles qui ont régné sur la France.

D'après la Constitution de 1848, l'âge exigé pour la Présidence n'était que de trente ans. Pour quelle raison?

La Présidence est la plus haute fonction d'une République. C'est donc le couronnement d'une carrière.

Elle demande une expérience des hommes et des affaires que l'âge de trente ans ne comporte pas.

Sans doute, il y a des hommes de génie; mais ils sont rares, et l'on ne fait pas les lois pour des exceptions. D'ailleurs, le génie est-il bien nécessaire pour exercer une magistrature temporaire qu'il faudra quitter pour rentrer dans la vie privée?

La Constitution de l'an III (art. 134) exigeait l'âge de quarante ans pour être nommé Directeur.

La Constitution des États-Unis se contente de trente-cinq ans; mais le Président des États-Unis est immédiatement rééligible; en second lieu, ce moyen terme ne m'a pas paru offrir la garantie d'une expérience et d'une maturité suffisantes.

— En 1848, les citoyens Antony Thouret et de Ludre avaient proposé un paragraphe additionnel ainsi conçu : « Aucun membre des familles qui ont régné sur la France ne pourra être ni Président, ni Vice-Président de la République. » C'était supprimer de la manière la plus claire la candidature du citoyen Napoléon-Louis Bonaparte.

La Commission, après avoir examiné l'amendement, en a demandé le rejet par ce double motif : « 1° Qu'il s'agissait non d'une question de principe, mais d'une question de personne ; 2° qu'avec un peuple comme le nôtre, une exclusion était une désignation. »

La discussion a amené à la tribune le citoyen Napoléon-Louis Bonaparte. Voici la déclaration qu'il y a faite : « Citoyens Représentants, a-t-il dit, je ne viens pas ici pour parler contre l'amendement. J'ai été assez récompensé en recouvrant tout à coup mes droits de citoyen *pour n'avoir maintenant aucune autre ambition.* Je ne viens pas non plus réclamer, pour ma conscience, contre les calomnies et le nom de prétendant qu'on me donne ; mais c'est au nom des trois cent mille électeurs qui m'ont nommé par trois fois que *je désavoue complétement ce nom de prétendant qu'on me jette toujours à la tête.* »

Le citoyen Antony Thouret a dit : « Citoyens Représentants, en présence des très-courtes paroles que vous venez d'entendre, je comprends l'inutilité de mon amendement, et je le retire. » Le citoyen de Ludre ayant déclaré qu'il persistait, l'amendement a été mis aux voix et rejeté à la presque unanimité.

Lors de la seconde discussion, le citoyen Antony Thouret a reproduit son amendement. Le Gouvernement l'a combattu par l'organe des citoyens Dufaure et Cavaignac, et l'Assemblée l'a rejeté de nouveau.

Faut-il, après le coup d'État et ce qui l'a suivi, discuter encore cette question, et ne regardera-t-on pas l'expérience de 1848 comme suffisamment décisive ?

Tout Président, né d'une famille qui a régné en France, pays de fonctionnarisme et où la clientèle administrative est immense, serait fatalement voué aux mauvais conseils des adversaires de la République.

Leur offrir cette chance de plus, ce serait le comble de l'imprudence.

Je ne suis, d'ailleurs, aucunement touché des deux objections proposées par la Commission de 1848.

Exclure les membres des familles royales ou impériales, c'est une question de principe et non de personnes. Sans doute, l'application frappe nécessairement une catégorie d'individus ; mais ce n'est pas à cause de leur personne, c'est à cause de certaines qualités ou d'une situation qu'elles ne peuvent modifier, et qui sont tout à fait en dehors de leurs mérites ou démérites personnels.

Je n'admets pas, d'ailleurs, que, « avec un peuple comme le nôtre, une exclusion soit une désignation. » A mon sens, on ne pourrait faire aux Français ou au suffrage universel une plus sanglante injure que de les supposer capables de violer, de gaieté de cœur, la Constitution qui les régit. Ce serait les déclarer ingouvernables.

Enfin la question cessait d'être personnelle, par cela seul que l'exclusion proposée s'étendait aussi bien aux deux branches de la famille des Bourbons et même aux autres membres de la famille de Napoléon qu'au prince Louis.

Ne nous exposons donc plus à entendre une déclaration pareille à celle que j'ai transcrite plus haut pour la voir démentie par les événements dont chacun a gardé le douloureux souvenir.

Étonnons-nous surtout, en le déplorant, que des hommes d'une haute intelligence et de la plus parfaite moralité, tels, en un mot, que MM. Dufaure et Cavaignac, aient donné dans un pareil piége. De quels regrets amers n'ont-ils pas dû être assiégés, lorsque, le 2 décembre 1851, l'homme à qui leur candeur avait facilité l'accès du Pouvoir présidentiel, les faisait arrêter comme des malfaiteurs et conduire à Mazas !

Mais les précautions que la Constitution aura prises contre les candidatures monarchiques devront être contenues dans de justes bornes. Les princes exilés n'en sont pas moins restés citoyens, et les barrières que les nécessités politiques avaient fait élever entre eux et la patrie devront être abaissées aussitôt que les circonstances le permettront. Je crois donc que, lorsque la Constitution aura été votée et que les pouvoirs créés par elle auront été nommés, l'Assemblée Constituante fera une chose juste en révoquant les lois d'exil votées en 1832 et en 1848 contre les deux branches de la famille de Bourbon.

45. Le Président est élu pour sept ans et n'est rééligible qu'après un intervalle de sept ans.

La durée des fonctions du Président était fixée par la Constitution de 1848 à *quatre* années, tandis que la durée de la Législature était de *trois* années seulement (art. 31); on n'avait pas voulu que les deux natures d'élections coïncidassent, pour éviter une trop forte secousse et la désorganisation simultanée qui aurait pu en résulter.

Avec les renouvellements partiels que je propose (art. 32), les dangers seraient beaucoup moindres; mais encore vaut-il mieux les éviter.

Il faudrait donc donner à la Présidence une durée de *cinq* ans ou de *sept* années.

Je préfère sept années, parce que, le Président n'étant point rééligible, il vaut mieux lui laisser plus de temps pour réaliser et mener à bien les améliorations qu'il aura pu concevoir.

Je supprime le deuxième paragraphe de l'article, tel qu'il avait été voté en 1848.

Voici ce paragraphe :

« Ne peuvent, non plus, être élus, après lui, dans le même intervalle,
« ni le vice-président, ni aucun des parents ou alliés du Président
« jusqu'au sixième degré inclusivement. »

Il me paraît évident qu'il n'avait de sens en ce qui concernait les parents ou alliés du Président que vis-à-vis des membres des anciennes familles régnantes ; et quant au vice-président, je pense, au contraire, que c'est un candidat pour la Présidence future, s'il a bien rempli ses fonctions et répondu au premier choix dont il a été honoré.

46. L'élection a lieu de plein droit le deuxième dimanche du mois de mai.

Dans le cas où par suite de décès, de démission ou de toute autre cause, le Président serait élu à une autre époque, ses pouvoirs expireront le deuxième dimanche de mai de la septième année qui suit son élection.

Le Président est nommé au scrutin secret et à la majorité absolue, par le suffrage direct de tous les électeurs de France et d'Algérie.

Si la majorité absolue n'est pas acquise au premier tour de scrutin, il sera procédé, le quatrième dimanche du même mois de mai, à un scrutin de ballotage entre les cinq candidats qui auront obtenu le plus de voix.

L'Assemblée de 1848 a été très-divisée sur la question de la Présidence.

Un premier groupe voulait concentrer tous les pouvoirs entre les mains de l'Assemblée législative; le Président n'aurait plus été qu'une émanation de cette Assemblée. Nommé par elle pour un temps illimité, mais toujours révocable, chargé à son tour de nommer et de révoquer les ministres, il aurait pris le nom de Président du Conseil des ministres. C'était exactement, sauf le titre, la position de M. le général Cavaignac; car le général avait été élu, après les journées de Juin, chef du Pouvoir Exécutif.

L'amendement qui formulait ce système fut rejeté par 643 voix contre 138.

La commission de Constitution s'était partagée elle-même en deux opinions.

« La minorité pensait qu'en faisant nommer le Président par le suf-
« frage universel on risquait de placer, en face de la représentation

« nationale, un pouvoir égal, quoique différent; qu'on pouvait ainsi
« établir une rivalité dangereuse, donner à la souveraineté deux expres-
« sions au lieu d'une, rompre l'harmonie toujours si nécessaire entre
« l'autorité qui fait la loi et le fonctionnaire qui en procure l'exécution;
« que, dans ce pays surtout, le suffrage universel concentré sur un seul
« homme lui donnait une puissance toujours sollicitée par des tentations
« fatales à la liberté. La minorité aurait donc désiré remettre à l'Assem-
« blée, délégataire de la souveraineté du peuple, la nomination du
« Président de la République. Elle croyait, par là, concilier à la fois ce
« qu'exige la rigueur des principes et ce que commande la situation
« d'un régime nouveau. (*Rapport de M. Marrast.*)

« Cette opinion n'a point prévalu. La majorité a été convaincue que
« l'une des conditions vitales de la démocratie, c'est la force du Pouvoir.
« Elle a donc voulu qu'il reçût cette force du peuple entier qui la
« donne, et qu'au lieu de lui arriver par transmission intermédiaire,
« elle lui fût donnée par une communication directe et formelle. Alors
« il résume sans doute la souveraineté populaire, mais pour une fonc-
« tion déterminée, l'exécution de la loi. La majorité n'a pas craint qu'il
« abusât de son indépendance, car la Constitution l'enferme dans un
« cercle dont il ne peut pas sortir. L'Assemblée seule demeure maîtresse
« de tout le système politique. Ce que le Président propose par ses mi-
« nistres, elle a le droit de le repousser; si la direction de l'administra-
« tion lui déplaît, elle renverse ses ministres; si le Président persiste à
« violenter l'opinion, elle le cite devant la haute Cour de Justice et
« l'accuse. (*Id.*). »

Le partage qui s'était produit dans la Commission s'est renouvelé,
bien entendu, dans la discussion publique. Le système de l'élection par
l'Assemblée a été soutenu par MM. Parieu, Leblond, Flocon et Martin,
de Strasbourg; et le système de l'élection par le suffrage universel l'a été
par MM. de Tocqueville, Jules de Lasteyrie, de Lamartine, Saint-Gau-
dens et Dufaure.

Les divers motifs qui avaient été analysés dans le rapport de M. Marrast en faveur de l'une ou de l'autre opinion se sont représentés à la
tribune; mais il en a surgi d'autres qu'il convient de résumer.

Ceux qui voulaient donner l'élection à l'Assemblée ont exposé qu'il
ne fallait pas demander au suffrage universel et direct plus qu'il ne
pouvait donner; que l'appréciation des qualités éminentes que devait
réunir le chef du Pouvoir Exécutif et du mérite respectif des candidats à
ces hautes fonctions était chose difficile; que jamais, soit aux États-Unis,
soit en France, un choix aussi important n'avait été confié à l'élection
directe; que, d'ailleurs, le pouvoir qui procéderait aujourd'hui du suffrage universel ne représenterait pas la même opinion que l'Assemblée
qui avait déjà plusieurs mois d'existence; qu'il en résulterait de déplorables conflits; que le pays avait surtout besoin de calme et de confiance,

et qu'il fallait éviter de le jeter dans de nouvelles agitations qui pourraient compromettre le sort de la République.

Les partisans de l'élection par le suffrage universel ont répondu que le système contraire offrait des dangers bien autrement sérieux; que l'élection du Président par l'Assemblée serait considérée comme un acte de défiance vis-à-vis du Pays, et compromettrait la popularité de l'Assemblée, et par suite son autorité morale et celle du Président lui-même; que, sans doute, la nomination du Président était l'acte le plus grave auquel fussent appelés les électeurs, mais qu'il ne fallait pas exagérer les difficultés qu'ils éprouveraient à discerner le candidat sur lequel devraient porter leurs suffrages; que les candidats sérieux à la première magistrature de la République seraient certainement des hommes qui, par leurs antécédents, les services qu'ils auront rendus au pays, se seront fait un nom populaire; que, sans doute, le système d'élection directe était nouveau, mais qu'il n'en résultait nullement qu'il fût inférieur à l'autre; qu'aux États-Unis l'élection à deux degrés n'a pas toujours fait arriver le plus digne; et que, chez nous, l'élection par le Pouvoir législatif avait produit la triste administration du Directoire; qu'enfin, les conflits étaient possibles dans les deux systèmes; car, avec la nomination par le Pouvoir législatif, le Président ne représenterait que l'opinion de l'Assemblée qui l'aurait élu, et non celle de l'Assemblée qui viendrait après.

La discussion a été close par un vote sur l'amendement proposé par M. Leblond, ainsi conçu : « Le Président de la République est nommé « par l'Assemblée nationale, au scrutin secret et à la majorité absolue des « suffrages. » Cet amendement ayant été rejeté par 602 voix contre 211, le système proposé par la Commission a définitivement triomphé.

Aujourd'hui que nous pouvons apprécier les résultats donnés par le premier exercice du suffrage universel direct, il faut bien reconnaître qu'ils n'ont pas été encourageants pour l'avenir; que le suffrage s'est porté sur un nom que ne recommandaient ni ses antécédents ni les services rendus au pays; que, pour les classes qui se croient éclairées, la nomination du prince Louis a été une protestation monarchique, et pour les masses une manifestation de l'Idolâtrie Napoléonienne. Mais supprimez la candidature *monarchique*, comme je le propose dans l'article précédent, le suffrage universel, ne se trouvant plus qu'en présence de simples mortels, mais distingués par leurs antécédents et les services rendus, retrouvera ce bon sens qui, en 1848, lui a fait donner 1,448,107 voix au Général Cavaignac.

Je crois donc la nomination du Président par le suffrage universel encore préférable à sa nomination par le Pouvoir législatif. D'ailleurs, dans le système des deux Assemblées, elle serait à peu près impraticable.

J'ai reproduit, quant à la *majorité absolue*, la disposition contenue dans l'article 46 de la Constitution de 1848; mais je serais disposé à penser que c'est se montrer trop exigeant. Il me semble que, en dehors des candidatures monarchiques, le suffrage universel devra nécessairement se répartir au premier tour de scrutin, sur un assez grand nombre de noms.

Il faudrait donc, comme je le propose dans cet article, admettre un scrutin de ballotage avant de déférer le vote au Pouvoir Législatif; ou, si l'on craint de trop prolonger l'agitation électorale et l'émotion populaire, se contenter d'une majorité très-raisonnable, un *tiers* des votants par exemple, avec un minimum de 2 millions. Depuis 1848, le suffrage universel a eu bien des fois l'occasion de s'exercer; le nombre des votants a toujours été très-considérable et a plutôt progressé; il me paraît donc probable que la majorité du tiers avec un minimum de 2 millions de voix pourrait être obtenue au premier tour de scrutin.

Enfin je suis loin de trouver mauvais, en principe, que l'Algérie soit admise à voter pour la Présidence; mais alors, pourquoi les autres Colonies n'y seraient elles pas admises au même titre, puisqu'elles ont les mêmes droits que l'Algérie pour l'élection des Assemblées Législatives ? Ne faudrait-il pas, pour être logique, admettre au vote toutes nos Colonies ou les exclure toutes?

La question du retard a son importance, mais elle n'est pas insoluble : il suffirait d'avancer l'époque de l'élection pour nos Colonies.

47. Les procès-verbaux des opérations électorales sont transmis immédiatement à l'Assemblée des *Représentants*, qui statue sans délai sur la validité de l'élection.

Si, au scrutin de ballotage, aucun candidat n'a obtenu au moins 2,000,000 de voix, ou si les conditions exigées par l'art. 44 n'ont pas été remplies, les deux Assemblées législatives se forment en comité, et ce comité élit à la majorité absolue et au scrutin secret le Président de la République parmi les *cinq* candidats éligibles qui ont obtenu le plus de voix.

Il m'a paru inutile de mettre en mouvement les deux Assemblées législatives pour examiner des procès-verbaux d'élection et des relevés de votes.

L'assemblée des Représentants, issue du suffrage universel et qui aura eu, par cela même, à examiner des opérations du même genre en ce qui concernait ses membres, m'a paru parfaitement compétente.

Le Comité dont parle le deuxième paragraphe de l'article sera-t-il composé de la totalité des deux Assemblées ? Peut-être la solennité et l'importance de la décision à prendre l'exigeraient-ils, si l'on ne se heurtait, tout d'abord, à une première difficulté, résultant de l'inégalité du nombre des membres de chaque Assemblée. Aussi, si l'on voulait arriver plus promptement à un résultat et éviter les débats orageux qui sont presque inévitables dans une assemblée trop nombreuse, on pourrait confier le vote à un comité de deux cents membres, composé, *sauf le nombre*, comme il a été dit dans mes notes sur l'article 33. Élus au scrutin secret et à la majorité absolue, ils représenteraient parfaitement l'opinion de chacun des corps dont ils émaneraient.

On comprend, du reste, que la votation des deux Assemblées, soit totale, soit par délégation, est indispensable.

Aux États-Unis (voir le douzième amendement à la Constitution), c'est la Chambre des Représentants qui nomme le Président parmi *trois* candidats, et le Sénat qui nomme le Vice-Président parmi *deux* candidats ayant obtenu le plus de voix. Ici j'ai reproduit le chiffre *cinq* qui se trouve dans l'article 47 de la Constitution de 1848; mais, sans ce précédent, j'aurais préféré le chiffre *trois*. Il peut y avoir une différence très-considérable dans le nombre des suffrages obtenus par le premier et le cinquième candidat. Étendre jusqu'à ce dernier le droit d'option, cela peut aller jusqu'à mettre entièrement de côté le vœu présumé des électeurs; si, par exemple, le choix de l'Assemblée se portait sur un candidat qui n'aurait obtenu que 100,000 voix par préférence à quatre autres candidats ayant eu 1,900,000, 1,400,000, 1,100,000, 700,000.

Prenons pour exemple les élections de 1848. La distribution des voix a été celle-ci, sur 7,327,345 suffrages exprimés :

> Louis Napoléon. 5,434,226
> Général Cavaignac 1,448,107
> Ledru-Rollin 370,119
> Raspail. 36,000
> Lamartine 17,910
> Général Changarnier 4,790
> Voix perdues. 12,600

Supprimons, pour un instant, la candidature du Prince Louis et les voix qu'il a réunies, il serait resté cinq candidats ayant obtenu de 1,448,000 à 4,790 voix. Mais n'est-il pas évident que les nombres insignifiants obtenus par les trois derniers n'auraient pas permis à l'Assemblée Nationale de les élire, sans violenter le suffrage universel; que son choix n'aurait pu hésiter qu'entre le Général Cavaignac et M. Ledru-Rollin? Je vais plus loin et je dis que, malgré le nombre relativement considérable des voix obtenues par M. Ledru-Rollin, la disproportion entre lui et le général Cavaignac était encore tellement grande que l'Assemblée n'aurait pu, sans froisser le sentiment public, laisser de côté celui-ci. La Constitution lui donnait sans doute un pouvoir discrétionnaire à cet égard et elle aurait agi constitutionnellement; mais n'aurait-ce pas été le cas de rappeler ce mot de M. Dupin au président des Assises : « Je « reconnais que M. le Président a un pouvoir discrétionnaire; mais c'est « à la charge d'en user avec discrétion? »

48. Avant d'entrer en fonctions, le Président de la République prête, devant les deux Assemblées réunies, le serment dont la teneur suit :

« En présence de Dieu et devant le peuple français que vous « représentez, je jure de rester fidèle à la République démocra- « tique, une et indivisible, à la Constitution, et de remplir tous « les devoirs qu'elle m'impose. »

Il s'agit ici d'une solennité dont l'importance est capitale. Il faut que le serment soit prêté devant la nation tout entière. Les Assemblées ne pourraient donc se faire représenter par des comités.

49. Il a le droit de faire présenter des projets de lois à l'une ou à l'autre Assemblée par les ministres.

Mais les lois de finances doivent être présentées d'abord à l'Assemblée des représentants.

Il surveille et assure l'exécution des lois.

50. Il dispose de la force armée, mais il lui est expressément interdit de la commander en personne.

Outre cette interdiction, il en est bien d'autres qui, je le reconnais, ne peuvent guère figurer dans le texte de la Constitution, mais qui sont en germe dans ce texte et dont l'expérience a démontré la grande importance.

La présidence de la République est une fonction purement civile; il doit donc être interdit au président, fût-il même officier général, de revêtir aucun uniforme et insignes militaires dans l'exercice de ses fonctions.

Il doit lui être interdit d'avoir, autour de sa personne, des aides de camp, des officiers d'ordonnance, un cabinet militaire. Ce sont autant d'éléments d'intrigues, de désordre, de favoritisme.

Si la nation française veut pratiquer la République, il faut que l'on se décide à jeter aux orties toute cette défroque monarchique.

Par quelle procédure légale y arrivera-t-on ? C'est ce que les Constituants auront à examiner.

51. Il ne peut céder aucune portion du territoire, ni dissoudre, ni proroger l'une ou l'autre des Assemblées, ni suspendre, en aucune manière, l'empire de la Constitution et des lois.

52. Il présente, chaque année, par un message aux Assemblées, l'exposé de l'état général des affaires de la République.

55. Il négocie et ratifie les traités.

Aucun traité n'est définitif qu'après avoir été approuvé par les deux Assemblées législatives.

54. Il veille à la défense de l'État, mais il ne peut entreprendre aucune guerre sans le consentement des deux Assemblées.

55. Il a le droit de faire grâce, mais il ne peut l'exercer que d'après l'avis du conseil d'État.

Les amnisties ne peuvent être accordées que par une loi.

On peut consulter, à cet égard, la discussion qui a eu lieu à l'Assemblée Constituante de 1848, et qui est très-bien analysée dans Duvergier (*Collection des Lois*, 1848, p. 386).

Je pensais d'abord qu'il y avait lieu de retrancher au Président ce droit de grâce, que je considérais comme tout à fait inhérent à la prérogative monarchique; mais j'avoue que les observations présentées alors, surtout par M. Boudet, m'ont ramené à une autre opinion.

Je ferai même remarquer que, d'après la Constitution des États-Unis, le Président (bien que ses pouvoirs soient beaucoup moins étendus que ceux qu'il s'agirait ici de lui conférer), « a le pouvoir d'accorder dimi-« nution de peine et *pardon* pour délits envers les États-Unis, excepté « en cas de mise en accusation par la Chambre des Représentants, » sans avoir à consulter personne.

L'article correspondant de la Constitution de 1848 contenait ensuite un paragraphe ainsi conçu :

« Le président de la République, les ministres, ainsi que toutes autres personnes condamnées par la Haute-Cour de justice, ne peuvent être graciés que par l'Assemblée nationale. »

La suppression de la Haute-Cour de justice entraînerait celle de ce paragraphe; mais le président et les ministres pourraient être graciés par l'Assemblée des Anciens qui les aurait jugés, sur la provocation de l'Assemblée des Représentants qui les aurait accusés; et à l'égard des autres condamnés, le droit de grâce s'exercerait suivant le droit commun.

56. Le président de la République promulgue les lois au nom du peuple français.

Cette promulgation a lieu dans le délai de dix jours, à partir de celui où le projet adopté par les deux Assemblées a été renvoyé au Président.

L'article correspondant de la Constitution de 1848 fixait deux délais :
l'un de trois jours pour les lois d'urgence, et l'autre d'un mois pour les
lois qui avaient subi les trois discussions. Ces délais avaient pour but de
donner au pouvoir exécutif le temps d'examiner la loi avant sa promulgation et d'user, s'il y avait lieu, du droit qui lui est conféré par l'article 57.

Dans le système que je propose et avec deux Chambres législatives,
toutes les lois sont soumises au même mode de délibération, et il n'y a
plus lieu à un double délai.

Mais il me semble qu'un délai de *dix jours* sera toujours suffisant,
parce que le Président aura dû et pu se tenir, par ses ministres, au courant de la discussion dans les deux Chambres, et que, le jour même où
les projets votés lui seront transmis, il serait presque en mesure d'avoir
une conviction faite. Une délibération de dix jours sera donc bien suffi-
sante pour la mûrir.

57. Dans le délai déterminé par l'article précédent, le Président
peut demander, par un message motivé, une nouvelle délibération.

58. Les deux Assemblées se réunissent en comité, qui délibère
et vote à la majorité absolue et au scrutin secret.

La résolution qui intervient ainsi est définitive ; elle est trans-
mise au Président de la République.

La promulgation, s'il y a lieu, est faite par lui dans le délai de
trois jours.

C'est-à-dire si le pouvoir législatif a, de nouveau, adopté le projet.

59. A défaut de promulgation par le Président de la République
dans les délais ci-dessus déterminés, il est réputé empêché et la
promulgation est faite par le Vice-Président.

Dans le système de 1848, la promulgation était faite par le président
de l'Assemblée nationale. C'était accuser, d'une manière officielle, l'antagonisme des deux pouvoirs.

Le moyen terme que je propose est moins significatif.

D'ailleurs, comme dans l'article 69, je propose de conférer au vice-
président de la République la présidence de l'Assemblée des Anciens,
ainsi que cela a lieu aux États-Unis, on pourrait même éviter tout frois-
sement en déclarant, par l'article 58, que « la promulgation, s'il y a
lieu, est faite dans les trois jours par le président de l'Assemblée des
Anciens, vice-président de la République, » et en supprimant l'article 59.

60. Les envoyés et les ambassadeurs des puissances étrangères sont accrédités auprès du Président de la République.

La Constitution de 1848 contenait un article 61 ainsi conçu :
« Il préside les solennités nationales. » Je ne l'ai pas reproduit parce que, dans mon opinion, toutes ces pompes monarchiques n'ont rien à faire avec la simplicité républicaine, et que, si l'on veut faire pénétrer l'esprit de ce gouvernement dans l'esprit des masses, il faut y conformer les mœurs : autrement, les masses ne verront jamais dans le Président qu'un roi déguisé.

61. Il est logé aux frais de l'État et reçoit : 1° un traitement de 600,000 fr. par année ; 2° des frais de représentation, dont l'importance est déterminée, pour toute la durée de ses fonctions, par les Assemblées législatives, aussitôt après la séance d'installation.

62. Il réside au lieu où siége le pouvoir législatif, et il ne peut sortir du territoire continental de la République sans y être autorisé par une loi.

Cet article est la reproduction de l'article 68 de la Constitution de 1848.
Il pourra se présenter une difficulté matérielle à laquelle on ne paraît pas avoir réfléchi, et sur laquelle cependant il y a lieu d'appeler l'attention des législateurs.
Le Président de la République a droit au logement par l'État. Croit-on que, en cas de transfert des deux pouvoirs législatif et exécutif, ce sera chose facile que d'installer les deux Assemblées et le Président ?
C'est un détail, dira-t-on, mais il a, suivant moi, une grande importance. Il n'est pas probable que cette translation ait lieu dans des circonstances ordinaires ; les difficultés en seront augmentées d'autant : les prévoir et y obvier devient donc d'autant plus nécessaire.

63. Le Président de la République nomme et révoque les ministres.
Il nomme et révoque, en *conseil des ministres*, les agents diplomatiques, les préfets, les commandants en chef des armées de terre et de mer, le commandant supérieur des gardes nationales de la Seine, les gouverneurs de l'Algérie et des colonies, les premiers présidents et procureurs généraux et autres fonctionnaires d'un ordre supérieur.
Il nomme et révoque, sur la proposition du ministre compétent, dans les conditions réglementaires déterminées par les lois, les *agents secondaires du gouvernement.*

Je transcris littéralement cet article de la Constitution de 1848, mais il est loin de me satisfaire complétement.

1° Le *Conseil des ministres* me paraît une réminiscence monarchique et une tradition du gouvernement parlementaire. Avec un roi qui règne, mais ne gouverne pas, et surtout n'est pas responsable, il faut un *Conseil des ministres*, qui représente, à proprement parler, le *Gouvernement*. Il en est autrement, suivant moi, avec un Président responsable.

C'est sur lui que doit reposer la responsabilité *collective*, soit pour les actes du Gouvernement proprement dit, soit pour chacun des actes qu'un ministre aura contre-signés et qui devront se rattacher à sa spécialité. La signature crée pour le ministre une responsabilité *individuelle*; mais l'article que j'examine crée, en outre, une responsabilité collective du Conseil des ministres.

Je trouve que celle du Président suffit, d'autant plus que c'est lui qui nomme et révoque à son gré les ministres (§ 1er de notre article).

Je trouve que les mots « *et autres fonctionnaires d'un ordre supérieur* » sont bien vagues, et que toutes les dispositions de ce paragraphe, si on le rapproche du paragraphe suivant, où l'on voit que le ministre compétent propose au Président la nomination et la révocation des *agents secondaires du Gouvernement* (autres mots non moins vagues) dans les *conditions réglementaires déterminées par les lois*, provoquent une réflexion qui serait bien fâcheuse si elle était fondée. Il y a donc des conditions réglementaires déterminées par les lois pour les *agents secondaires*, et il n'y en a pas pour les *agents supérieurs*? — Je ne crois pas que ce reproche (car c'en serait un) ait jamais été fondé; mais, en tous cas, il faut qu'il cesse de l'être.

J'ajoute, en terminant, que je ne vois pas pourquoi un ministre des finances ou de l'instruction publique concourrait au choix d'un général ou d'un amiral, ni à quel titre le ministre de la guerre se mêlerait du choix d'un préfet ou d'un receveur général. Tâchons donc d'avoir des ministres aussi distingués que possible, et qui, surtout, soient supérieurs chacun dans sa spécialité; mais, pour Dieu! plus de ministres *politiques*, ou nous courrons de nouveau aux abîmes.

Le troisième paragraphe de cet article décide que les fonctionnaires dont il est question seront nommés et révoqués par le Président, sur la proposition du ministre compétent, dans les *conditions réglementaires déterminées par la loi*. Je reconnais, en effet, que la nomination des fonctionnaires, chargés d'administrer et d'exécuter les lois sous la direction et la responsabilité du Pouvoir Exécutif, doit appartenir à celui-ci. Sans parler de l'inaptitude du corps électoral pour apprécier l'instruction, la capacité et, disons-le même, la moralité requises pour l'exercice des fonctions judiciaires ou administratives, il impliquerait contradiction que le Pouvoir Exécutif fût obligé d'employer des instruments qui, par leur origine, échapperaient à son contrôle et se croiraient en dehors, sinon même au-dessus de lui.

Mais plus la nécessité des choses amène à confier la nomination et la révocation des fonctionnaires au chef du pouvoir exécutif, plus l'expérience des faiblesses et des passions de la nature humaine commande au législateur de circonscrire le champ dans lequel les influences, l'intrigue ou la faveur pourront s'exercer. Quelles seront donc les conditions réglementaires à prescrire par la loi, ou plutôt vers quel but devront-elles être principalement dirigées? Cette question a d'autant plus d'importance que de la solution qu'elle recevra dépend en grande partie l'avenir de la République. Sous cette forme de gouvernement, les fonctions doivent être *accessibles* à tous et elles ne doivent être dévolues qu'au *mérite.*

Mais, pour qu'elles soient *accessibles* à tous, il faut qu'elles offrent au fonctionnaire des moyens suffisants d'existence, quand bien même il n'aurait aucune fortune personnelle. Cela est d'impérieuse nécessité dans une République démocratique. Agir autrement, ce serait livrer les fonctions et, par celles-ci, l'État lui-même, dans un temps donné, à l'aristocratie de la fortune et de l'argent. Mais comment y arriver sans grever indéfiniment le budget? C'est surtout là, ce me semble, une question de répartition. On ne peut sérieusement prétendre que la bonne administration du pays requière cette nuée innombrable de fonctionnaires que le laisser-aller monarchique a, par mille raisons diverses, laissé grossir indéfiniment et démesurément. Plus de fonctionnaires à *demi-paye*, mais plus de fonctionnaires à *demi-journée :* tel doit être le mot d'ordre de la République. Il faut que l'État se résigne à faire comme les simples particuliers : moins de fonctionnaires, mais bien rétribués et de chacun desquels on puisse exiger toute la capacité, l'activité et l'aptitude nécessaires.

Ce n'est pas tout encore que de rendre les fonctions accessibles à tous; il faut, disions-nous tout à l'heure, qu'elles ne soient dévolues qu'au *mérite.* Il serait injuste de méconnaître les efforts que les Gouvernements précédents ont tentés en ce sens. A l'entrée de presque toutes les carrières publiques on a exigé des diplômes ou des examens, quelquefois, les uns et les autres; mais, une fois cette première barrière franchie, quelles garanties sont données à l'État ou au fonctionnaire pour les promotions successives que la carrière peut comporter? Assurément, on ne les trouvera ni dans les droits de l'ancienneté, ni dans le droit de présentation par les fonctionnaires supérieurs au ministre compétent. L'*ancienneté* n'est trop souvent qu'une prime à la médiocrité; le *droit de présentation,* par cela seul qu'il s'exerce au moment même de la vacance, alors que toutes les convoitises sont éveillées à la fois, n'a pu être préservé des abus les plus fréquents et les plus graves. Il est fondé sur une idée juste : le contrôle naturel par les fonctionnaires supérieurs de la capacité et de la moralité de leurs subordonnés ; mais il expose les fonctionnaires présentateurs à toutes les embûches des influences, de l'intrigue, à toutes les suggestions de la faveur ; il détruit la dignité des citoyens par la nécessité où il place le candidat à l'avancement et tous les siens de multiplier les sollicitations. Ne pourrait-on pas créer pour les divers services civils quelque chose d'analogue au tableau d'avancement pour l'armée ? Alors, en appliquant les *conditions réglementaires* dont parle l'article, la nomination et la promotion des fonctionnaires constitueraient bien plutôt une déclaration et une reconnaissance des droits acquis qu'un *choix libre* de la part du Pouvoir Exécutif.

64. Il a le droit de suspendre, pour un temps qui ne pourra excéder trois mois, les agents du pouvoir exécutif élus par les citoyens.

Il ne peut les révoquer que de l'avis du conseil d'État.

La loi détermine les cas où les agents révoqués peuvent être déclarés inéligibles aux mêmes fonctions.

Cette déclaration d'inéligibilité ne pourra être prononcée que par un jugement.

65. Le nombre des ministres et leurs attributions sont fixés par le pouvoir législatif.

66. Les actes du Président de la République, autres que ceux par lesquels il nomme et révoque les ministres, n'ont d'effet que s'ils sont contre-signés par un ministre.

Et les messages du Président dans les cas prévus par les articles 56 et 57 ?

Le message *annuel* doit être l'œuvre personnelle du Président, ou bien il devrait être signé par tous les ministres.

Le message par lequel le Président demande une nouvelle délibération n'est que l'exercice de sa prérogative constitutionnelle ; ce n'est point un acte d'administration : il ne peut donner lieu à aucune responsabilité. A quoi bon dès lors la signature d'un ministre ?

Dans tous les cas, la rédaction de cet article (67e de la Constitution de 1848) paraît incomplète ou inexacte.

67. Le Président de la République, les ministres, les agents et dépositaires de l'autorité publique sont *responsables*, chacun en ce qui le concerne, de tous les actes de l'administration.

Toute mesure par laquelle le Président de la République dissout les Assemblées législatives, les proroge ou met obstacle à l'exercice de leur mandat, est un crime de haute trahison.

Par ce seul fait, le Président est déchu de ses fonctions; les citoyens sont tenus de lui refuser obéissance. Le pouvoir exécutif passe de plein droit au Vice-Président.

Une loi déterminera les autres cas de responsabilité, ainsi que les formes et les conditions de la poursuite.

La responsabilité des fonctionnaires publics de tous les degrés est un principe de justice; mais il faut convenir qu'elle a été jusqu'ici bien difficile à organiser.

Il y a d'abord la responsabilité du Président ou Vice-Président, des ministres et fonctionnaires principaux vis-à-vis de la Constitution et de l'État, à raison des prévarications qu'ils auraient commises contre la chose publique.

Il y a ensuite la responsabilité des mêmes personnes, mais aussi des fonctionnaires de tous ordres vis-à-vis des particuliers, à raison des abus ou excès de pouvoir et des dommages causés.

Le procès des ministres du roi Charles X devant la Cour des pairs a été un exemple éclatant de la première espèce de responsabilité; et l'on sait qu'il n'a pas dépendu des magistrats de la haute Cour que l'attentat du 2 décembre 1851 n'en fournît un second plus éclatant encore.

On doit recommander vivement à la future Assemblée de hâter la confection de la loi organique, qui donnera enfin les garanties et les moyens de procédure si souvent promis et toujours ajournés.

Mais ce qu'il faut aussi, parce que la question se représente presque tous les jours, c'est que l'on statue enfin sur ce fameux article 75 de la Constitution du 22 frimaire an VIII, qui a soulevé tant de controverses, qui a été défendu par tous les Gouvernements comme le palladium de l'administration, et attaqué avec tant de vivacité par les intérêts lésés et les passions politiques, comme destructif *en fait* de la plupart de nos libertés.

Au fond de tout cela, il faut qu'il y ait quelque malentendu; et j'en verrais la preuve dans ces paroles prononcées par M. Dupin dans l'Assemblée Constituante de 1848.

« La Charte de 1814 ni celle de 1830 n'avaient reproduit la disposi-
« tion de l'article 75 de la Constitution de l'an VIII, sur la poursuite
« des fonctionnaires publics. On avait pensé qu'il était devenu, par
« suite, inapplicable. Il n'en est rien. On a bientôt reconnu que cet ar-
« ticle avait pour effet de maintenir *le principe de la séparation des pou-*
« *voirs entre l'Administration et la Justice;* on a reconnu que c'était une
« disposition qui ne tenait ni à la constitution du pouvoir législatif, ni
« à la constitution du pouvoir exécutif, ni à la constitution des grands

« pouvoirs politiques, mais que c'était une simple garantie dans la
« poursuite *des crimes et des délits* qui devait être maintenue. »

N'est-il pas singulier, en effet, que cette prétendue garantie n'ait pas
été créée par l'Assemblée constituante en même temps qu'elle proclamait
le principe de la séparation des pouvoirs après les discussions les plus solennelles, et qu'elle se soit glissée dans la Constitution de l'an VIII, qui
n'a été précédée d'aucune discussion de ce genre, et dont le véritable auteur était peu soucieux de cette espèce de garanties ?

Est-il vrai que cet article maintienne le principe de la séparation des
pouvoirs entre l'Administration et la Justice ? On pourrait le dire jusqu'à
un certain point, si la Justice intentait des poursuites *d'office*, sur la ru-
meur publique par exemple.

Mais s'il y a plainte de la partie lésée, si elle se porte *partie civile*,
est-ce que la Justice ne se doit pas également à tous et *contre tous* ? Et
pourquoi donc s'arrêterait-elle aujourd'hui devant ce nouveau *privilége*
du fonctionnarisme, quand tous les Français sont égaux devant la loi ?

Si le fonctionnaire attaqué en justice, soit civile, soit criminelle, a l'a-
veu de ses supérieurs administratifs, s'il n'a fait qu'exécuter leurs ordres, sans violences, sans voies de fait, est-ce que les officiers du ministère public, renseignés à cet égard, ne seront pas là pour le défendre ?
Mais, s'il y a eu violences et voies de fait, s'il y a eu dommages causés,
est-ce que tout cela ne tombe pas sous la juridiction ordinaire des tribunaux ? et n'est-il pas temps que le fonctionnaire rentre dans le droit commun, comme le prêtre y est rentré en 1789 ?

Ce sera l'affaire du fonctionnaire attaqué de réclamer des dommages-
intérêts considérables et une publicité réparatrice. Les tribunaux devront,
à mon avis, être très-larges sur ces deux points. Mais je suis convaincu
qu'après quelques ébullitions, ces sortes de poursuites se raréfieront,
dès qu'elles n'auront plus l'attrait du fruit défendu ; et que le frein des
dommages-intérêts modérera l'ardeur des plaignants.

L'article correspondant de la Constitution de 1848 contenait un paragraphe qui renvoyait le Président et ses complices « devant la haute
« Cour, etc. » Cela était bon dans le système d'une Assemblée législative *unique*. Puisque j'en propose *deux*, l'accusation devrait être portée
par l'Assemblée des Représentants devant l'Assemblée des Anciens,
comme cela avait lieu sous la Charte de 1814 (articles 33, 55 et 56) et
sous la Charte de 1830 (articles 28 et 47).

Je renverrais aussi nos législateurs à la Constitution des États-Unis
pour la manière de procéder à l'égard des accusations de ce genre.

« Le Sénat, dit cette Constitution (article 1er, section 3e, no 6), aura
« seul le pouvoir de juger les accusations intentées par la Chambre des
« Représentants (*impeachments*). Quand il agira dans cette fonction, ses
« membres prêteront serment ou affirmation (*parce qu'ils deviennent de*

« *véritables jurés*). Si c'est le Président des États-Unis qui est mis en
« jugement, le Président de la Cour suprême (*chief-justice*) présidera.
« Aucun accusé ne peut être déclaré coupable qu'à la *majorité de deux*
« *tiers des membres présents*.

« Les jugements rendus en cas de mise en accusation n'auront d'autre
« effet que de priver l'accusé de la place qu'il occupe, de le déclarer in-
« capable de posséder quelque office d'honneur, de confiance ou de
« profit que ce soit dans les États-Unis ; mais la partie convaincue pourra
« être mise en jugement, jugée et punie selon les lois par les tribunaux
« ordinaires. »

68. Les ministres ont entrée dans les Assemblées législatives.
Ils sont entendus toutes les fois qu'ils le demandent. Ils peuvent
s'y faire assister par des commissaires nommés par un décret du
Président de la République.

69. Il y a un Vice-Président de la République.

Cette fonction est dévolue de plein droit à celui qui a obtenu
le plus grand nombre de voix, après le Président, dans le cas de
l'article 46.

Elle est déférée par le Pouvoir Législatif dans le cas de l'article 47, en suivant les formes qu'il détermine.

Le Vice-Président doit réunir les mêmes conditions d'éligibilité
que le Président ; il est nommé pour le même temps et prête le
même serment.

Il est de plein droit président de l'Assemblée des Anciens.

Il jouit d'un traitement au moins égal à celui du Président de
l'autre Assemblée.

En cas d'empêchement du Président, le Vice-Président le rem-
place.

Dans le cas où la présidence deviendrait vacante par décès, démission ou autrement, il est procédé, dans le mois, à l'élection
d'un nouveau Président ; jusqu'à l'installation de celui-ci, les
fonctions sont remplies par le Vice-Président.

L'attention des Constituants de 1848 ne me paraît pas s'être arrêtée
suffisamment sur la Vice-Présidence, et je ne crois pas que la solution
adoptée à cette époque mérite d'être reproduite.

Le rapport de M. Marrast disait laconiquement : « Au-dessous du Pré-
« sident de la République, nous avons placé un Vice-Président présenté
« par lui, nommé par l'Assemblée Nationale, qui marche à la tête du

« Conseil d'État, et auquel l'Assemblée voudra sans doute assurer aussi
« une situation honorable et digne de celui qui peut être appelé à rem-
« placer le Président de la République dans le cas où celui-ci est empêché
« par une cause ou par une autre de remplir ses hautes fonctions. »

Le projet de la Commission ne parlait pas même de trois candidats à
présenter par le Président. Un amendement dans ce sens fut présenté par
le citoyen Kœnig, afin, dit-il, que la nomination fût faite réellement « par
« l'Assemblée Législative et ne parût pas lui être imposée. » M. Vivien,
membre de la Commission, répondit qu'il était préférable qu'un seul
candidat fût présenté par le Président. « Le choix fait par le Président
« doit être un choix de confiance, et la confiance qu'il peut avoir pour
« un candidat, il ne la partagera pas toujours entre trois. L'Assemblée,
« d'ailleurs, sait ce qui se passe communément quand on procède par
« voie de présentation de plusieurs candidats. Celui qui fait la présen-
« tation présente toujours sur sa liste le candidat sérieux dont il désire
« l'élection, et d'autres candidats qui, ne réunissant pas les conditions
« nécessaires, ne sont pas susceptibles d'être nommés. En définitive, c'est
« le premier candidat qui est nommé, et l'on ne fait qu'un mensonge en
« donnant le droit d'en présenter trois. »

Ces observations, *très-pratiques*, n'empêchèrent pas l'adoption de
l'amendement.

Mais l'un et l'autre système étaient également mauvais; la suite l'a
bien prouvé.

Soit que le Président présentât un seul candidat ou qu'il en présentât
trois, en ayant soin de prendre les précautions indiquées par M. Vivien,
que signifiait la nomination par l'Assemblée? C'était un simple *exequatur*.
Le Vice-Président n'en restait pas moins une *créature* du Président.

Supposons, au contraire, qu'il émanât, comme le Président lui-même,
du suffrage universel, il avait son importance propre; c'était un point de
ralliement, et sa présence pouvait servir de frein à l'exécution de certains
projets ambitieux et coupables.

Supposons, par exemple, que le général Cavaignac, ancien Chef du
Pouvoir Exécutif, qui en était descendu si dignement, qui avait été honoré
de 1,450,000 suffrages, fût devenu, de plein droit, le Vice-Président de
la République, croit-on que les événements du 2 décembre 1851 se seraient
accomplis aussi facilement?

Demandons-nous, au contraire, quelle figure aurait faite, pendant
l'*intérim*, le Vice-Président (Boulay, de la Meurthe) présenté par le prince
Louis, si, le coup d'État n'ayant pas réussi, ce même prince Louis eût
été traduit devant la Haute-Cour pour violation de la Constitution?

Mais si je demande que le Vice-Président émane du suffrage universel,
pourquoi ne pas faire voter séparément sur son élection comme cela se
fait aux États-Unis?

Il y en a deux raisons :

— La première est de ne pas compliquer les opérations et le jeu du suffrage universel.

Aux États-Unis, les Président et Vice-Président sont choisis par quelques centaines d'*électeurs*, délégués par l'ensemble du corps électoral. Il n'y a donc aucune assimilation à établir entre des modes d'opérer si différents.

Le choix de deux candidats au lieu d'un à faire par des millions d'électeurs doublerait l'agitation et amènerait des confusions inextricables.

— La seconde raison, c'est de donner à la minorité une satisfaction très-réelle, puisque son candidat deviendra le second personnage de l'État au titre exécutif, et sera Président de l'une des deux Assemblées Législatives.

— Je crois la Présidence de l'Assemblée des Anciens de beaucoup préférable pour le Vice-Président de la République à celle du Conseil d'État. Non-seulement cette Assemblée est un corps plus important, mais c'est un corps exclusivement politique, tandis que le Conseil d'État est surtout administratif et judiciaire. Le Vice-Président peut être un personnage politique très-distingué, éminent même, sans avoir des connaissances judiciaires ou administratives qui marquent sa place à la tête du Conseil d'État.

J'ai donc suivi l'exemple donné par la Constitution des États-Unis, qui porte :

« Le Vice-Président des États-Unis sera Président du Sénat, mais il « n'aura pas le droit de voter, à moins que les voix ne soient partagées « également.

« Le Sénat nommera un Président *pro tempore*, qui présidera en « l'absence du Vice-Président ou quand celui-ci remplira les fonctions « de Président des États-Unis. »

Je crois même que toutes les dispositions de cet article pourraient passer dans notre Constitution, et je les recommande à l'attention de nos Législateurs.

— A l'égard du traitement, je dis qu'il sera *au moins égal*, pour laisser le champ libre à l'appréciation du Pouvoir Législatif. Il est bien entendu que ce traitement avec ses accessoires, s'il y en a, devrait être fixé pour toute la durée des fonctions, comme il est dit pour le Président, article 61.

— La Constitution de 1848 disait : « Le Vice-Président ne pourra être choisi parmi les parents ou alliés du Président jusqu'au sixième degré inclusivement.

Il est évident que ce paragraphe doit disparaître, en présence du mode d'élection que je propose et de l'exclusion donnée aux races royales par l'article 44.

CHAPITRE VI.

DU CONSEIL D'ÉTAT.

70. Il y a un Conseil d'État.

Il est consulté sur les projets de loi émanant de l'initiative du Gouvernement, et sur les projets parlementaires que les Assemblées lui auraient renvoyés.

Il prépare les règlements d'administration publique; il fait seul ceux de ces règlements à l'égard desquels le pouvoir législatif lui aura donné une délégation spéciale.

Il exerce à l'égard des administrations publiques tous les pouvoirs de contrôle et de surveillance qui lui sont déférés par la loi.

Il statue en dernier ressort, comme tribunal administratif supérieur, sur tout le contentieux de l'administration.

La loi réglera ses autres attributions.

Je supprime les articles 72, 73, 74, de la Constitution de 1848, qui établissaient un nouveau mode de nomination et de révocation des Conseillers d'État. Je pense, avec les adversaires de cette innovation, que le Pouvoir Législatif ne ferait que des choix politiques ; qu'il se préoccuperait assez peu des connaissances législatives et administratives des candidats, et que, d'ailleurs, il manquerait à cet égard de renseignements suffisants; que le Conseil d'État doit être surtout le collaborateur et l'auxiliaire du Pouvoir Exécutif; qu'enfin le peu de durée et de fixité des fonctions des Conseillers d'État, si l'on revenait au mode de nomination inauguré en 1848, écarterait de cette importante institution les hommes qui devraient y être appelés à raison de leur expérience et des services qu'ils auraient rendus.

Je ne considère pas comme sérieuses les considérations que M. Vivien fit valoir alors, quoiqu'elles aient obtenu les suffrages de l'Assemblée. Suivant moi, la préparation des lois (qui avait été de tout temps l'un des apanages du Conseil d'État), la participation à l'exercice du droit de grâce, à la révocation des fonctionnaires électifs, le droit de discipline sur les fonctionnaires inférieurs, rentrent, par leur nature, dans les attributions du Pouvoir Exécutif; y faire participer le Conseil d'État, pour diminuer d'autant le *bon plaisir* administratif, c'était un frein salutaire et une bonne innovation; mais ces innovations mêmes n'avaient pas assez d'importance pour nécessiter la translation au Pouvoir Législatif de la nomination de fonctionnaires administratifs et judiciaires chargés de les mettre en pratique, et cela au mépris du principe de la séparation des Pouvoirs.

M. Vivien disait, en terminant : « Prenez garde de vous laisser trop
« préoccuper par les souvenirs du règne précédent. Il ne faut pas s'ima-
« giner que le Président de la République doit conserver toutes les attri-
« butions qu'avait le Chef de la monarchie; on est trop porté à confondre
« l'une avec l'autre, à ne pas voir quelles sont les conditions essentielles
« du régime républicain que doit fonder la Constitution. Nous croyons
« que la proposition que nous vous soumettons est plus en harmonie
« avec le principe républicain, et nous y persistons. »

N'aurait-on pas pu lui répondre qu'il fallait distinguer si le chef de la
monarchie avait eu ces attributions comme Roi ou comme chef du *Pouvoir Exécutif?* Si l'on admet en République un Pouvoir Exécutif, il faut
lui laisser les attributions qui découlent de sa nature. Les principes répu-
blicains ne demandent pas plus le choix par le Pouvoir Législatif des
Conseillers d'État que celui des magistrats de la Cour de cassation, des
tribunaux d'appel ou de la Cour des comptes. Celle-ci, notamment, qui
contrôle l'administration des finances, pourquoi donc est-elle nommée
par le Pouvoir Exécutif, si le Conseil d'État, à raison de son contrôle sur
l'administration et les fonctionnaires, ne doit pas l'être?

La République ne doit pas détruire une institution parce qu'elle est
monarchique, mais parce qu'elle est mauvaise, à moins que cette institution ne soit en contradiction directe avec la République. Dans ce cas,
il est manifeste que, fût-elle bonne en elle-même, elle doit disparaître : il
y a *force majeure.*

CHAPITRE VII.

DE L'ADMINISTRATION INTÉRIEURE.

71. La division du territoire en Départements, Arrondissements,
Cantons et Communes, est *provisoirement* maintenue.

Cette division pourra être modifiée par une loi organique.

Les circonscriptions actuelles ne peuvent être changées que
par une loi.

Il me paraît impossible que l'Assemblée Constituante ait le temps de
faire 1° la Constitution; 2° toutes les lois organiques, et de résoudre, en
outre, l'importante question de la division du territoire, de la suppression
des arrondissements, des conseils du même nom, et, par contre, de l'organisation des Conseils cantonaux et de l'Administration cantonale. Il
serait cependant bien à souhaiter que ces questions ne fussent pas renvoyées à une révision ultérieure de la Constitution; et l'on obtiendrait ce
résultat en ne maintenant la division actuelle que *provisoirement* et en

déléguant à la Législature tous pouvoirs pour y faire les modifications nécessaires.

72. Il y a : 1° dans chaque département, une administration composée d'un Préfet, d'un Conseil général, d'un Conseil de préfecture ;

2° Dans chaque arrondissement, un Sous-préfet et un Conseil d'arrondissement ;

3° Dans chaque commune, une administration composée d'un Maire, d'Adjoints et d'un Conseil municipal.

La Constitution de 1848 supprimait, *par prétérition*, les Conseils d'arrondissement, et créait des Conseils cantonaux dans les termes suivants : « Dans chaque canton, un Conseil cantonal ; néanmoins un seul Conseil cantonal sera établi dans les villes divisées en plusieurs cantons. »

Mais il ne suffisait pas de créer des Conseils cantonaux ; il fallait les organiser et déterminer leurs attributions. D'autre part, il fallait bien que les Conseils d'arrondissement continuassent à fonctionner jusqu'à ce que la loi eût transféré à d'autres leurs fonctions.

Il est résulté de là que les Conseils d'arrondissement fonctionnaient encore et que les Conseils cantonaux n'avaient pas encore été établis, en décembre 1851.

Il serait regrettable de tomber de nouveau dans une pareille anomalie. Je propose donc de conserver provisoirement ce qui est, et de transférer du domaine de la *Constitution* dans celui de la *Législation* l'organisation de ces divers mécanismes administratifs.

73. Une loi déterminera la composition et les attributions des divers Conseils énumérés dans l'article précédent ou de ceux qui viendraient à être créés en exécution de l'article 71, et le mode de nomination des maires et des adjoints.

Si, par exemple, les Conseils d'arrondissement venaient à être supprimés et remplacés par des Conseils cantonaux.

74. Tous ces Conseils sont élus par le suffrage direct de tous les citoyens domiciliés dans la circonscription.

Une loi spéciale réglera le mode d'élection dans le département de la Seine, dans la ville de Paris et dans les villes de plus de 20,000 âmes.

Les mots que j'emploie ici sont *compréhensifs*. Ils pourront s'appliquer, plus tard aux Conseils d'arrondissement ou cantonaux, suivant la loi qui interviendra.

— La Constitution de 1848 porte, sous cet article : « Chaque canton élit un membre du Conseil général. »

Je crois cette disposition fort raisonnable, et je souhaite qu'elle soit maintenue par la Loi organique promise par l'article précédent. Mais je ne crois pas qu'elle ait rien de *constitutionnel*. Pourquoi la Constitution statuerait-elle à l'égard des Conseils généraux et non point à l'égard des autres? C'est pourquoi je ne l'ai pas reproduite.

75. La dissolution de tous ces Conseils peut être prononcée par le Président de la République, mais sur avis conforme du Conseil d'État.

La loi fixera le délai dans lequel il sera procédé à la réélection

CHAPITRE VIII.

DU POUVOIR JUDICIAIRE.

76. La justice est rendue gratuitement au nom du peuple français.

Les débats sont publics, à moins que la publicité ne soit dangereuse pour l'ordre ou les mœurs, et, dans ce cas, le tribunal le déclare par un jugement.

77. Le jury continuera d'être appliqué en matière criminelle.

78. La connaissance de tous les délits politiques et de tous les délits commis par la voie de la presse appartient exclusivement au Jury.

Les lois organiques détermineront la compétence en matière de délits, d'injures et de diffamation contre les particuliers.

79. Le Jury statue seul sur les dommages-intérêts réclamés pour faits ou délits de presse.

80. Les juges de paix et leurs suppléants, les juges de première instance et d'appel, les membres de la Cour de cassation et de la Cour des comptes, sont nommés par le Président de la République dans un ordre de candidature ou d'après des conditions qui seront réglés par la loi organique.

81. Les magistrats du Ministère public sont nommés par le Président de la République.

On comprend que le Pouvoir Exécutif ait plus de latitude pour le choix des magistrats du ministère public que pour le choix de la magistrature assise. Mais cette latitude doit-elle être *absolue?* Je ne le crois pas. Il ne faut pas perdre de vue : 1° que, par sa nature, le Gouvernement républicain devra laisser la magistrature *assise* ou *debout* en dehors de l'arène politique ; 2° que, dans le cas où il serait tenté de l'y faire entrer et de suivre, à cet égard, les fâcheux errements monarchiques et surtout ceux de l'Empire, il y aurait tout profit à le brider en assurant, dans une certaine mesure, par la Loi organique, l'indépendance des magistrats du Ministère public ; 2° que la périodicité de la Présidence pourra amener avec elle une certaine mobilité dans le personnel des fonctions publiques, si les lois ne prennent sur ce point de sages précautions ; et que, nulle part, cette mobilité n'aurait autant d'inconvénients pour la chose publique que dans la Magistrature.

C'est donc dans le double intérêt des justiciables et des magistrats du Ministère public que je présente cette observation.

82. Les juges de première instance et d'appel, les membres de la Cour de cassation et de la Cour des comptes sont inamovibles.

Ils ne peuvent être transportés d'un siége à un autre sans leur consentement ; ils ne peuvent être révoqués ou suspendus que par un jugement.

Ils ne peuvent être mis à la retraite que pour les causes et dans les formes déterminées par les Lois.

La Constitution de 1848, comme les chartes précédentes, établissait les magistrats *à vie.* Faut-il revenir à cette disposition? Je ne le pense pas.

J'ai été l'un des adversaires les plus déterminés du décret du 1er mars 1852 au moment de son apparition, parce que je l'ai considéré comme une manœuvre politique et une arme de guerre. La Magistrature française, en général, ne pouvait être sympathique ni au coup d'État du 2 décembre, ni à la confiscation des biens de la famille d'Orléans, prononcée par le décret du 17 janvier 1852. La lettre du procureur général Dupin, en date du 23 janvier 1852, par laquelle il donnait sa démission, avait été un avertissement significatif. Favoriser ses partisans, se débarrasser de ses adversaires, c'était double profit : tels furent, à n'en pas douter, les véritables mobiles du décret de 1852. Tout l'indique : — et le rapport, rédigé avec une artificieuse habileté, dont il fut précédé ; — et cette disposition de l'article 3 qui permettait d'en annuler l'effet suivant le bon plaisir du maître : « Les magistrats qui auront atteint l'âge fixé par l'article 1er ne cesseront leurs fonctions que *lorsqu'ils auront été remplacés.* »

Mais, quelles que soient les circonstances au milieu desquelles cette innovation a été faite, je la crois utile ; il s'était glissé des abus dont elle empêchera le retour. D'ailleurs, l'inamovibilité de la Magistrature n'a pas été imaginée dans l'intérêt personnel des magistrats, mais bien dans l'intérêt de la Justice, dont la bonne administration est assurée par leur indépendance. Une mesure qui les met à la retraite à un âge déterminé ne menace en rien cette indépendance, dès qu'elle est générale.

D'un autre côté, il ne faut pas méconnaître que l'accroissement du nombre des vacances, résultant de cette sorte de coupe réglée que le temps opère lui-même, peut exciter une certaine émulation, surtout si la loi organique dont parle l'article 80 est bien conçue quant aux conditions d'avancement.

Enfin, dans un pays comme le nôtre, où l'amour des fonctions publiques est une maladie endémique, il est bon que les occupants ne s'y éternisent pas, et que les générations précédentes sachent laisser une place raisonnable aux générations qui s'élèvent. Sous ce rapport encore, l'extension à la Magistrature de la limite d'âge, alors que cette limite existait déjà pour toutes les autres fonctions publiques, me paraît devoir être maintenue.

On saisit moins bien les motifs qui ont fait créer une échelle suivant l'importance des fonctions. Dès que l'on se fondait sur des raisons *naturelles*, il était évident que la *nature* n'a rien à faire avec la *hiérarchie* magistrale ; mais si l'exception ne se justifie guère en principe, elle ne s'applique qu'à un bien petit nombre de magistrats, et les plus éminents ; il serait donc inutile d'insister.

La première des dispositions contenues dans le deuxième paragraphe de cet article ne se trouve ni dans la Constitution de 1848 ni dans les chartes précédentes ; mais elle me paraît le corollaire nécessaire du principe de l'inamovibilité. Si un magistrat inamovible pouvait être transporté, malgré lui, d'un bout du territoire à l'autre, cette faculté affecterait gravement son indépendance, car elle pourrait menacer ses intérêts de famille ou de fortune.

On trouvera, peut-être, qu'il suffirait de réserver cette innovation pour la Loi organique. Je me bornerai à faire remarquer que, dans ce cas, elle n'offrirait plus la garantie *constitutionnelle.*

83. Les Conseils de guerre et de révision des armées de terre et de mer, les Tribunaux maritimes, les Tribunaux de commerce, les Prud'hommes et autres Tribunaux spéciaux conservent leur organisation et leurs attributions actuelles jusqu'à ce qu'il y ait été dérogé par une Loi.

84. Les conflits d'attribution entre l'autorité administrative et l'autorité judiciaire seront réglés par un tribunal spécial de membres de la Cour de cassation et de conseillers d'État, désignés tous les trois ans en nombre égal par leurs corps respectifs.

Ce Tribunal sera présidé par le Ministre de la justice.

85. Les recours pour incompétence et excès de pouvoirs contre les arrêts de la Cour des comptes seront portés devant la juridiction des conflits.

Les articles 91, 92, 93, 94, 95, 96, 97 de la Constitution de 1848 organisaient la Haute-Cour et déterminaient ses attributions. Je pense que la division du Pouvoir législatif en deux branches, si elle est adoptée, rendra tout à fait inutile cette Institution qui, suivant moi, d'ailleurs, n'a pas répondu aux intentions de ses auteurs. Elle entraîne des dérangements onéreux pour les magistrats et les jurés; elle nécessite, soit pour l'organisation des locaux, soit pour le service intérieur, des improvisations qui sont presque inévitablement défectueuses; elle n'ajoute rien (des expériences récentes l'ont démontré), ni à la majesté de la Justice, ni au recpect qu'elle doit inspirer. Il vaudrait donc bien mieux, suivant moi, renvoyer à l'Assemblée des Anciens, sur l'accusation portée par la Chambre des Représentants, les grands crimes politiques dans lesquels le Président, le Vice-Président ou les Ministres seraient intéressés et au Jury ordinaire toutes les autres affaires, sauf à augmenter le nombre des Jurés.

On ajouterait alors aux articles concernant l'Assemblée des Anciens, 2e section du chapitre IV, des dispositions ainsi conçues :

« Elle statue sur les accusations portées par l'Assemblée nationale con« tre le Président, le Vice-Président de la République ou les Ministres, soit « dans le cas prévu par l'article 67, soit pour crimes, attentats ou com« plots contre la sûreté intérieure ou extérieure de l'État, soit pour res« ponsabilité ministérielle.

« Les décisions rendues par elle comme Cour de justice doivent l'être « à la majorité des deux tiers. »

86. L'assemblée des Représentants et le Président de la République peuvent, dans tous les cas, déférer les actes de tout fonctionnaire au Conseil d'État, dont le Rapport est rendu public.

L'article correspondant de la Constitution de 1848 porte : « Tout fonctionnaire autre que le Président de la République. » Je supprime ces derniers mots, qui me paraissent superflus et qui, en tous cas, n'ont plus de sens possible, si le Conseil d'État est nommé par le Président de la République.

87. Le Président de la République n'est justiciable que de l'Assemblée des Anciens.

Celle-ci se rassemble immédiatement et de plein droit, dans le cas prévu par l'article 67.

Dans tous les autres cas, elle n'est saise que par l'accusation intentée par l'Assemblée des Représentants et pour crimes et délits qui seront déterminés par la Loi.

CHAPITRE IX.

DE LA FORCE PUBLIQUE.

88. La force publique est instituée pour défendre l'État contre les ennemis du dehors et pour assurer au dedans le maintien de l'ordre et l'exécution des lois.

Elle se compose de la garde nationale et de l'armée de terre et de mer.

89. Tout Français, sauf les exceptions fixées par la Loi, doit le service militaire et celui de la garde nationale.

L'article correspondant de la Constitution de 1848 contenait un deuxième paragraphe ainsi conçu :

« La faculté pour chaque citoyen de se libérer du service militaire per « sonnel sera réglée par la loi sur le Recrutement. »

Il avait été ajouté après de vives discussions ; ear le projet de Constitution portait, au contraire : « le remplacement est interdit. »

Le rapporteur de la Commission, en reconnaissant que cette rédaction avait rencontré une opposition formidable, n'en déclarait pas moins que la Commission n'avait pas voulu démentir un *principe,* heurter l'*égalité* et supprimer ce qui lui avait paru commandé par la *justice.*

S'il fallait entrer dans l'examen de toutes ces raisons, je crois que ni la justice ni l'égalité ne sont blessées par le remplacement militaire. Ce qui les blesserait, c'est que certaines classes ou certains individus fussent exemptés par la loi de concourir à la formation du contingent par la voie du tirage au sort : cela constituerait un privilége légal ; mais le pauvre qui a tiré un mauvais numéro ne sera *ni plus ni moins* obligé au service personnel, suivant que son voisin plus riche pourra ou ne pourra pas se faire remplacer. La richesse peut créer ici une inégalité *sociale,* mais non une inégalité *légale.* Or les inégalités sociales sont et resteront, quoique disent ou fassent MM. les socialistes, dans la nature des choses.

Je ne m'étonne donc pas que l'Assemblée Constituante, à la suite d'une discussion approfondie, ait rejeté le projet de sa Commission à la majorité de 603 voix contre 140.

Mais si je ne me préoccupe pas de la faculté de remplacement au point de vue et dans l'intérêt des particuliers, je crois qu'il y a lieu de s'en préoccuper beaucoup au point de vue de l'État. Si, comme le prétendent presque tous les militaires, le remplacement ne fournit en majeure partie que de mauvais soldats, l'intérêt de l'État s'oppose à ce qu'il soit maintenu. M. Thiers, grand et habile champion du remplacement, disait, en 1848 : « Je ne défends pas le remplacement tel qu'il est, il ne vaut rien; » mais il s'en rapportait, pour l'améliorer, à une loi ultérieure.

C'est pour cela que, de guerre lasse, on a ajourné la question et adopté l'amendement présenté par M. Deslongrais, qui est devenu le deuxième paragraphe de l'article.

Il est évident que la question se reproduira; mais il faut espérer que la future Assemblée aura le courage de la trancher une fois pour toutes et sans se préoccuper d'autre chose que de l'intérêt public.

Du reste, il y a lieu de croire que la discussion sera moins acerbe; car la question a perdu beaucoup de son intérêt depuis la loi sur la Garde mobile. Les jeunes gens qui se libèrent du service militaire proprement dit, au moyen du remplacement, retombent sous l'application de la loi du 1er février 1868, ce qui doit adoucir les sentiments d'envie qui se dissimulent sous l'égalité démocratique; et, d'autre part, l'État trouve deux soldats au lieu d'un.

Enfin l'exemple héroïque que nous donnent en ce moment, sous les murs de Paris, notre Garde Mobile et notre Garde Nationale mobilisée ne nous indique-t-il pas ce que devra être, dans l'avenir, la véritable *Armée Nationale ?*

90. L'organisation de la garde nationale et la constitution de l'armée seront réglées par la Loi.

91. La force armée est essentiellement obéissante.
Nul corps armé ne peut délibérer.

92. La force armée, employée pour maintenir l'ordre à l'intérieur, n'agit que sur la réquisition des autorités constituées, suivant les règles déterminées par le Pouvoir législatif.

93. Une loi déterminera les cas dans lesquels l'état de siége pourra être déclaré, et réglera les formes et les effets de cette mesure.

94. Aucune troupe étrangère ne peut être introduite sur le territoire français sans le consentement préalable des Assemblées législatives.

CHAPITRE X.

DISPOSITIONS PARTICULIÈRES.

95. La Légion d'honneur est maintenue : ses statuts seront révisés et mis en harmonie avec la Constitution.

Voilà une besogne bien difficile à remplir !

Il faudrait, pour cela, faire que la Légion d'honneur fût une Légion, c'est-à-dire une *élite* et non une *cohue* ; que l'*ancienneté de service*, sans mérite tout à fait hors ligne, n'y donnât aucun droit ; que *toute faveur* en fût bannie.

Mais je doute que le Gouvernement Républicain y réussisse mieux que ses prédécesseurs ; et, dans ce cas, il est fort à craindre que cette Institution, si heureuse dans sa conception, si efficace et si puissante à son origine, ne succombe sous l'abus qui en aura été fait, comme cet Ordre de l'ancien Régime que les courtisans avaient fini par appeler « collier à toutes bêtes. »

J'en éprouverais, quant à moi, un profond regret. Le ruban de la Légion d'honneur, quand il est mérité, c'est l'équivalent des armes d'honneur que donnait la première République : dans l'Ordre Civil aussi bien que dans l'Ordre Militaire, c'est une *mise à l'ordre du jour* permanente ; c'est donc un des plus puissants moyens d'émulation et des plus propres à stimuler le *mérite*, qui est ou doit être la base du Gouvernement Républicain.

96. Le territoire de l'Algérie et des Colonies est déclaré territoire français ; mais il sera régi par des lois particulières, jusqu'à ce qu'une loi spéciale les place sous le régime de la présente Constitution.

Je trouve que les députés de l'Algérie et des Colonies, MM. Henri Didier et autres, étaient beaucoup plus logiques que la Constitution de 1848 (dont je transcris cependant les termes dans cet article 96), lorsqu'ils demandaient que le territoire de l'Algérie et des Colonies, étant déclaré territoire français, fût régi par la Constitution, sauf les *réserves et exceptions qui seraient déterminées par les lois.*

A quoi bon, en effet, déclarer *Français* un territoire qui ne sera pas régi par la loi française ? C'est une *Colonie*, ce n'est plus la France. Il doit envoyer des *délégués* et non des *députés*, qui auront à délibérer sur des lois qui ne les concerneront pas.

Les États-Unis ont des *territoires*. Ce sont les pays nouvellement colonisés et qui ne sont pas encore admis à jouir du droit de cité; ils font ainsi une sorte de stage constitutionnel; mais ils ne nomment ni députés, ni sénateurs et ne concourent pas à la nomination du Président.

Ce mot de « Colonies » éveille une autre question, bien autrement importante et que l'Assemblée constituante devrait bien examiner, celle de savoir s'il ne serait pas temps, enfin, d'émanciper l'Algérie et nos autres Colonies, en établissant un régime analogue à celui qui a fait, en si peu d'années, l'éclatante et merveilleuse fortune de l'Australie.

97. L'Assemblée Constituante confie le dépôt de la présente Constitution et des droits qu'elle consacre à la garde et au patriotisme de tous les Français.

Je transcris cet article parce que je le trouve dans la Constitution de 1848 ; mais est-ce bien là une disposition législative? On la comprendrait dans le Préambule ; mais nous avons supprimé celui-ci pour cause d'inutilité : n'y aurait-il pas lieu d'en faire autant pour cet article?

Si la Constitution convient au Peuple Français, et tant qu'elle lui conviendra, il en conservera le dépôt, sans que cet article le lui recommande; mais le jour où elle cesserait de lui convenir, quelle force l'article conserverait-il?

CHAPITRE XI.

DE LA RÉVISION DE LA CONSTITUTION.

98. La présente Constitution ne pourra pas être révisée avant l'expiration de la dix-huitième année.

Si, à cette époque, le Pouvoir législatif émet le vœu que la Constitution soit révisée en tout ou en partie, il sera procédé à cette révision sous les conditions suivantes :

1° Le vote devra être émis, dans chacune des Assemblées, à la majorité des trois quarts des suffrages exprimés.

2° La délibération ne sera valable qu'autant que les deux tiers des membres y auront participé.

3° En cas de révision partielle, la révision ne devra porter que sur les parties de la Constitution qui auront été désignées dans les procès-verbaux de délibération des Assemblées.

J'imposerais un délai de dix-huit années, comprenant trois législatures de six années chacune (voir l'article 32), parce que je n'admets pas qu'il y ait lieu de réviser une Constitution avant qu'elle ait subi l'épreuve du temps. — Il faut un certain délai pour la *mise en train* de toute œuvre et de toute Institution nouvelles. Le premier essai peut n'être pas heureux et se rectifier ensuite. — On fera d'autant plus d'efforts pour arriver à cette rectification et amener un bon service, qu'on aura devant soi une certaine durée obligatoire. Dix-huit années, d'ailleurs, ce n'est pas même la durée d'une génération; et qu'est-ce qu'une génération dans la vie d'un peuple?

Les Constituants de 1848 ont commis, à mon avis, une faute très-grave dans cet article. La durée de leur Législature était de *trois années*, et comme l'article ne s'opposait pas, par ses termes mêmes, à ce que la révision eût lieu à la fin de la première législature, c'est-à-dire au bout de trois années, ceux qui voulaient la réélection du Président (proscrite par l'article 45) ont demandé la révision de cet article; et sur le refus qui en a été fait, le coup d'État du 2 décembre a été organisé.

Avec le délai de dix-huit années, au contraire, les adversaires de la République ou de certaines parties de son organisation constitutionnelle seront *légalement* réduits au silence pour ce laps de temps : ils n'auront devant eux que la ressource d'une Révolution ou d'un Coup d'État; mais comme on doit espérer que la France est dégoûtée pour longtemps de l'une et de l'autre, ils trouveront à qui parler.

(Remarquons en passant, et sans vouloir tirer avantage de ces rapprochements historiques, que la marche des choses humaines ne confirme pas toujours, que le terme de dix-huit années correspond à la durée de la Restauration, du Gouvernement de Louis-Philippe et de celui qui vient de tomber.)

Enfin la Constitution de 1848 prévoyait une révision totale ou *partielle;* mais elle ne limitait pas dans ce sens d'*une façon expresse* les pouvoirs de l'Assemblée de révision. Je crois donc que la rédaction par moi proposée est préférable, parce qu'elle exclut toute équivoque.

99. L'Assemblée de révision ne sera nommée que pour trois mois.

Elle ne devra s'occuper que de la révision pour laquelle elle aura été convoquée.

Néanmoins elle pourra, en cas d'urgence, pourvoir aux nécessités législatives.

CHAPITRE XII.

DISPOSITIONS TRANSITOIRES.

100. Les dispositions des codes, lois et règlements existants, qui ne sont pas contraires à la présente Constitution, restent en vigueur jusqu'à ce qu'il y soit légalement dérogé.

101. Toutes les autorités constituées par les lois actuelles demeurent en exercice jusqu'à la promulgation des lois organiques qui les concernent.

102. La loi d'organisation judiciaire déterminera le mode spécial de nomination pour la première composition des nouveaux tribunaux.

103. Après le vote de la Constitution, il sera procédé, par l'Assemblée constituante, à la rédaction des lois organiques suivantes :

1° Loi sur la responsabilité des dépositaires des fonctions publiques.
2° Loi sur le Conseil d'État.
3° Loi électorale.
4° Loi d'organisation départementale et communale.
5° Loi d'organisation judiciaire.
6° Loi sur l'enseignement.
7° Loi sur l'organisation de la force publique; armée, garde nationale.
8° Loi sur la Légion d'honneur.
9° Loi sur la presse.
10° Loi sur l'état de siége.
11° Loi sur l'assistance publique.

L'Assemblée constituante ne pourra se séparer avant que la totalité desdites lois n'ait été votée.

Cette énumération, à l'exception de la loi sur la Légion d'honneur que j'ajoute, est celle qui a été faite par l'Assemblée constituante de 1848 dans la loi du 11-14 décembre 1848.

Le dernier paragraphe est une *addition*, que je considère comme de la plus haute importance. Si elle eût existé, la proposition du représentant

Rateau n'eût pu être adoptée, ni même présentée, et l'Assemblée constituante n'eût pas été obligée de laisser son œuvre inachevée.

Si l'on veut que les lois organiques soient en harmonie avec la Constitution et conçues dans le même esprit que celle-ci, il faut qu'elles en soient contemporaines et rédigées par les mêmes mains.

Ce n'est point d'ailleurs une chose bien difficile : il ne s'agit que de s'y prendre à temps.

Il est probable que l'Assemblée Constituante qui réunira tous les pouvoirs, sauf à déléguer l'exercice du Pouvoir exécutif, suivra l'exemple de ses devancières et répartira ses membres en divers comités ; autant de comités, par exemple, qu'il y a de ministères.

Ceci posé, l'Assemblée, en même temps qu'elle choisira la Commission de Constitution, pourra nommer autant de commissions qu'il y aura de lois organiques à établir ; ou bien elle déléguera la nomination de ces commissions à chacun de ses comités spéciaux.

De cette manière, tous les travaux marcheront parallèlement ; et les projets des lois organiques préparés à l'avance, pourront être mis en délibération, sans aucune perte de temps, aussitôt après le vote de la Constitution.

104. Pendant la discussion des lois organiques, il sera procédé, aux jours que l'Assemblée Constituante déterminera par des lois spéciales, et dans l'ordre suivant, à l'élection : 1° de l'Assemblée des Représentants ; 2° de l'Assemblée des Anciens ; 3° du Président de la République.

105. Chaque Assemblée vérifiera les pouvoirs et prononcera sur la régularité de l'élection des membres qui la composeront.

A l'égard du Président de la République, ces opérations seront faites par l'Assemblée constituante, conformément à l'article 47.

106. Le Président de la République et le Vice-Président prêteront le serment prescrit par les articles 48 et 69 devant l'Assemblée Constituante, au jour qu'elle aura fixé.

107. L'Assemblée des Représentants, l'Assemblée des Anciens, le Président et le Vice-Président de la République, n'entreront en fonctions que le jour fixé par l'Assemblée constituante pour sa séparation.

La durée des pouvoirs, telle qu'elle est déterminée par les articles 32, 45 et 69, ne sera calculée qu'à partir de ce jour.

Les dispositions transitoires de la Constitution de 1848 ne contiennent rien d'analogue aux articles 106 et 107. C'est encore l'expérience de ce qui s'est passé en 1848 qui me les a suggérés.

L'élection du Président de la République avait eu lieu le 10 décembre. Dès le 20 du même mois, le Président prêtait serment, il était installé et mis en possession du Pouvoir Exécutif. Qu'en résulta-t-il? C'est que, à partir de ce même jour, l'antagonisme des partis fut déclaré, la lice se trouva ouverte et l'Assemblée Constituante fut paralysée. Comment se serait-elle maintenue, comment l'esprit qui avait dicté la Constitution aurait-il prévalu, en présence d'un Pouvoir jeune, appuyé sur 5,500,000 suffrages et à qui appartenait l'avenir? Aussi, dès les premiers jours de janvier, les impatients lui signifiaient-ils son congé par la proposition du représentant Rateau, changée en loi les 29 janvier, 8 et 14 février. En outre, et malgré les dispositions formelles de l'article 3 de cette loi, qui stipulait que « l'ordre du jour de l'Assemblée serait réglé de manière que, indépendamment de la loi électorale, la loi sur le Conseil d'État, la loi de responsabilité du Président de la République et des Ministres et le budget de 1849 fussent votés avant la dissolution, la loi de Responsabilité, la plus importante de toutes, ne fut pas votée. De plus, toutes les autres lois organiques énumérées par la loi du 11-14 décembre 1848, conformément à l'article 115 de la Constitution, se trouvèrent renvoyées aux calendes grecques, en violation de l'esprit et des termes exprès de ces dispositions constitutionnelles.

Il faut éviter à tout prix que de pareils scandales ne se renouvellent, si nous voulons arriver à fonder la République sur une base solide; et c'est dans ce but que je proposerais les articles 106 et 107.

1578 — PARIS, IMPRIMERIE ÉDOUARD BLOT, RUE BLEUE, 7.